I. M. Pei La Pyramide du Louvre The Louvre Pyramid

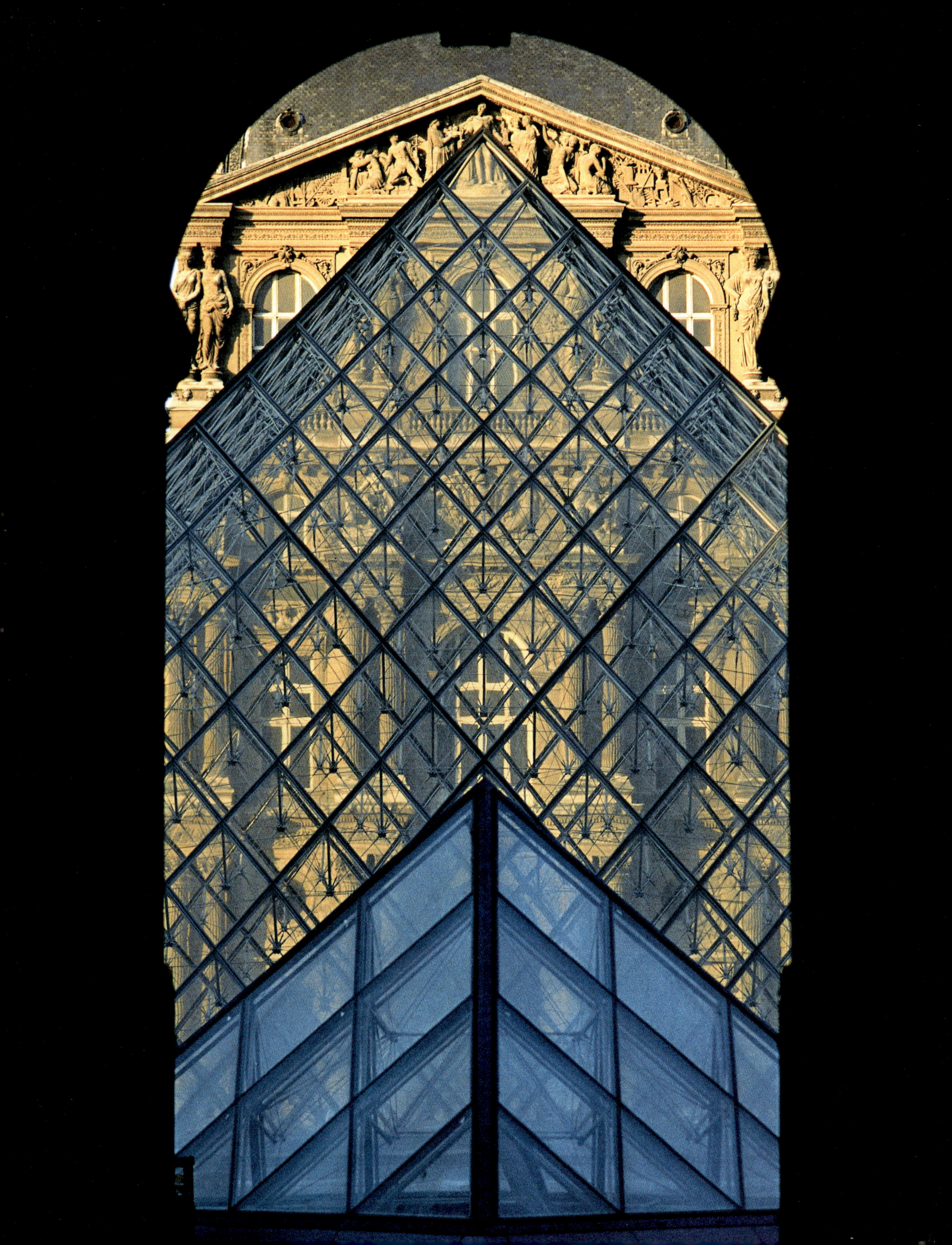

I. M. Pei

La Pyramide du Louvre

The Louvre Pyramid

PHILIP JODIDIO

Yann Weymouth CROQUIS *SKETCHES*
Alfred Wolf PHOTOGRAPHIES *PHOTOGRAPHS*

LOUVRE
MUSÉE DU LOUVRE ÉDITIONS

PRESTEL Munich · Berlin · London · New York

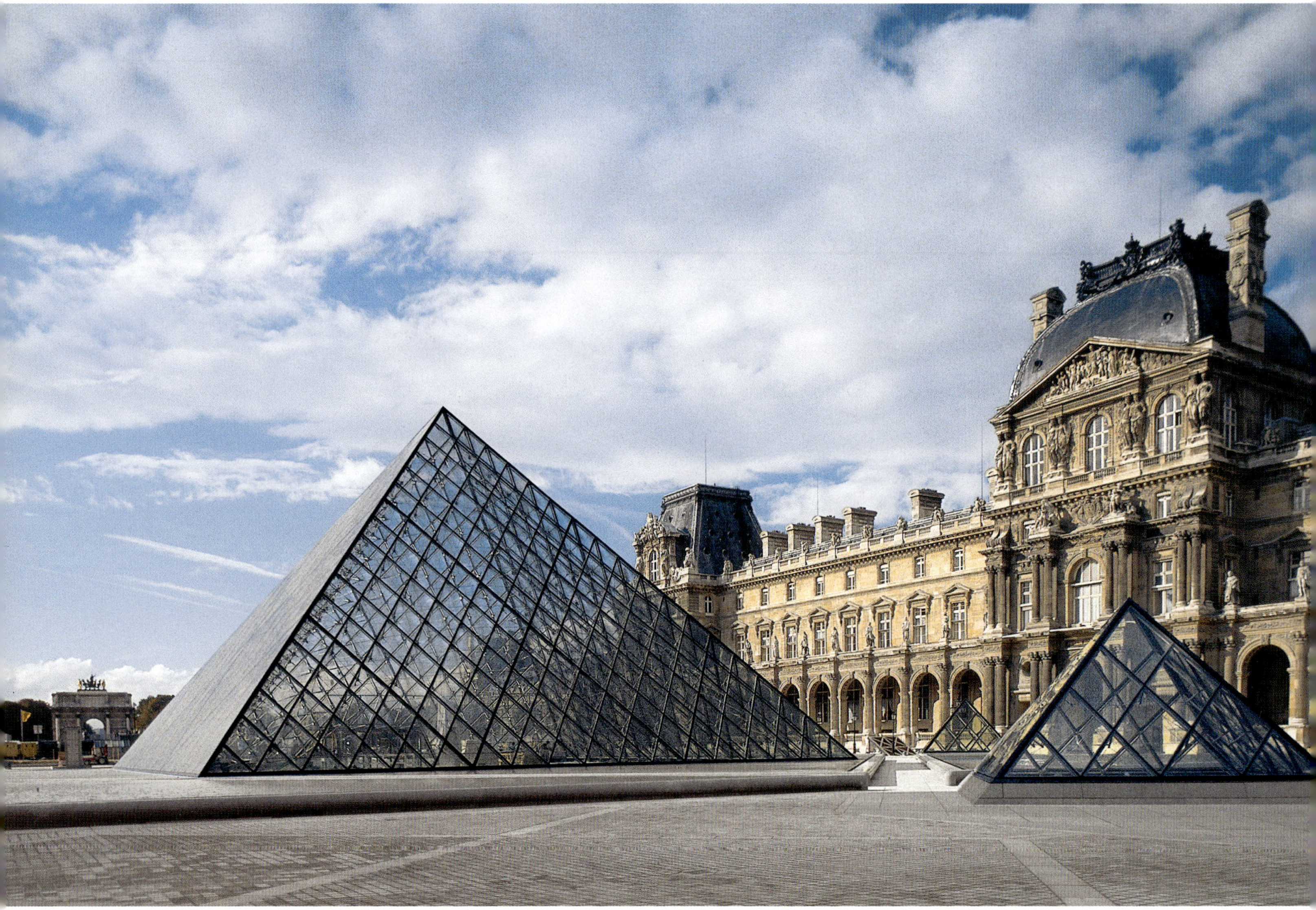

La pyramide devant le pavillon
Richelieu.

*A view of the Pyramid with the
Richelieu Pavilion visible to the right.*

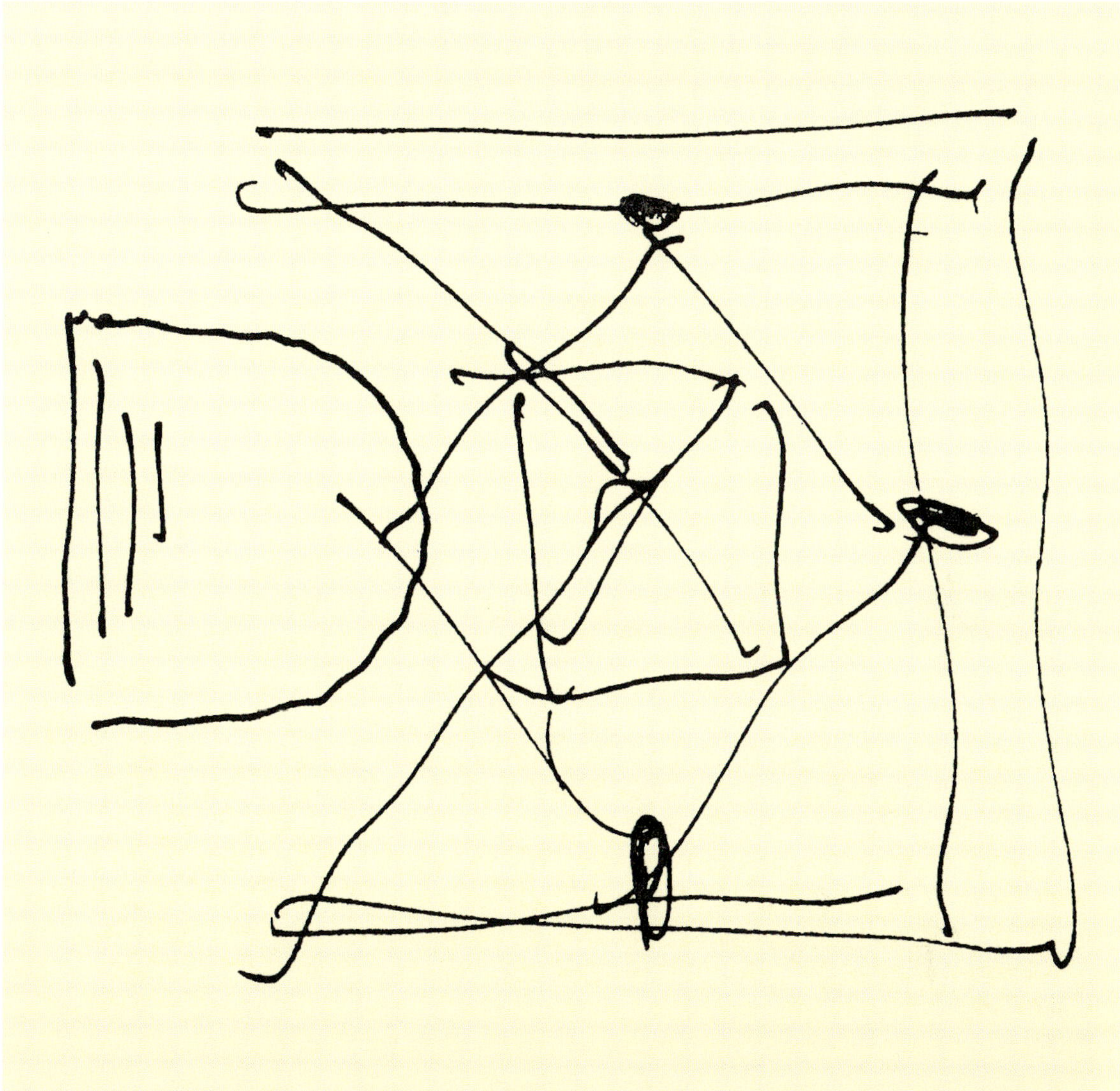

Un des premiers croquis de I. M. Pei pour la pyramide et des bassins qui l'entourent.

One of the earliest sketches by I. M. Pei of the Pyramid and the basins surrounding it.

Préface

Le chantier du Louvre m'a offert l'occasion de travailler sur un palais dont l'histoire remonte au règne de Philippe Auguste (1180–1223). Édifié au cours des siècles par les rois qui ont régné en France, conçu par certains de ses plus grands architectes, le Louvre se dresse quasi littéralement au cœur de la France. Sans le Louvre, la pyramide n'aurait pas d'intérêt particulier. C'est le contexte et l'histoire du lieu, et donc l'histoire de France, qui enrichissent la pyramide de leur présence et de leur sens.

Le programme assez élaboré des nouveaux espaces prévus par le musée portait sur plus de 92 000 mètres carrés. On ne pouvait imaginer ajouter un nouveau bâtiment de cette taille dans l'enceinte du Louvre, et il était donc évident, dès le départ, qu'il allait falloir creuser la cour Napoléon. Le programme de ces espaces souterrains était intense et stimulant, mais le symbole, le seul signal du changement que connaissait le Louvre, était la pyramide. Elle allait porter la lourde responsabilité de dire: « Voici le Louvre ». Ce ne pouvait être une forme trop imposante, ni trop dominante. Il ne fallait pas entrer en compétition avec le palais

Portrait de I. M. Pei par Alfred Wolf. L'architecte pose sur le balcon de l'aile Richelieu. Les bassins de la pyramide sont visibles à droite.

Preface

With the Louvre, I had the opportunity to work on a palace whose history goes back to Philip II Augustus (Philippe Auguste, King of France from 1180 to his death in 1223). Built over the centuries by the kings who marked the country, designed by some of its greatest architects, the Louvre is almost literally at the heart of France. Without the Louvre, the Pyramid would be nothing special. It is the context and the history of the Louvre, the history of France, that invests the Pyramid with its presence and significance.

The programme for the spaces required by the museum was quite elaborate and required over 92,000 square metres of floor space. One could not imagine adding a new building of that size to the Louvre, thus it was obvious from the outset that it would be necessary to dig beneath the Cour Napoléon. The planning that went into the design of these underground spaces was intense and rewarding, but the only symbol, the only signal, that the Louvre had changed was the Pyramid. The Pyramid had a great responsibility to say: "This is the Louvre." And yet, it could not be too large as it could not be too dominant a form, which is why I

Portrait of I. M. Pei by Alfred Wolf. Mr Pei is standing on the exterior balcony of the Richelieu Wing with the basins of the Pyramid visible to the right.

lui-même et c'est pourquoi j'ai utilisé le verre et non la pierre. La connexion souterraine qu'elle signale entre les ailes Richelieu, Sully et Denon est néanmoins au cœur du projet. C'est ce qui fait de l'ancien palais un musée unifié. La pyramide apporte l'éclairage naturel dans les espaces en sous-sol du nouveau Louvre. C'est le point symbolique d'entrée que franchissent chaque année des millions de visiteurs.

En un sens, la pyramide et le Grand Louvre sont des projets qui concernent autant le flux de ces personnes que l'architecture. Pendant la phase de conception, j'ai recherché des manières d'animer ces zones souterraines, en imaginant par exemple que nous pourrions y faire pénétrer la nature, par des arbres, mais cette verdure aurait paru inappropriée à deux niveaux en dessous de la rue. J'ai décidé que l'objet qui nécessitait tous nos soins était le mouvement des visiteurs, la circulation dans l'espace de ceux qui étaient venus voir l'un des plus grands musées du monde. Vingt ans après son inauguration, je pense que la pyramide reste la solution symbolique dont avait besoin le Grand Louvre.

I. M. Pei | Février 2009

used glass and not stone. The connection that it signals, below ground between the Richelieu, Denon and Sully Wings of the Louvre, is the real heart of the project however. This is what makes the former palace into a unified museum. The Pyramid brings light into the underground spaces of the new Louvre; it is the symbolic point of entry through which millions of people pass every year.

In a sense the Pyramid and the Grand Louvre are as much about people as they are about architecture. During the design of the Pyramid, I searched for ways to enliven the underground areas, imagining for example that we could bring nature, in the form of trees, into the space, but greenery seemed inappropriate two levels below street level. I decided that the real object of interest would be the movement of visitors, the circulation through space of those who have come to see one of the greatest museums in the world. Twenty years after its inauguration, I feel that the Pyramid is still a relevant symbolic addition to the Grand Louvre.

I. M. Pei | February 2009

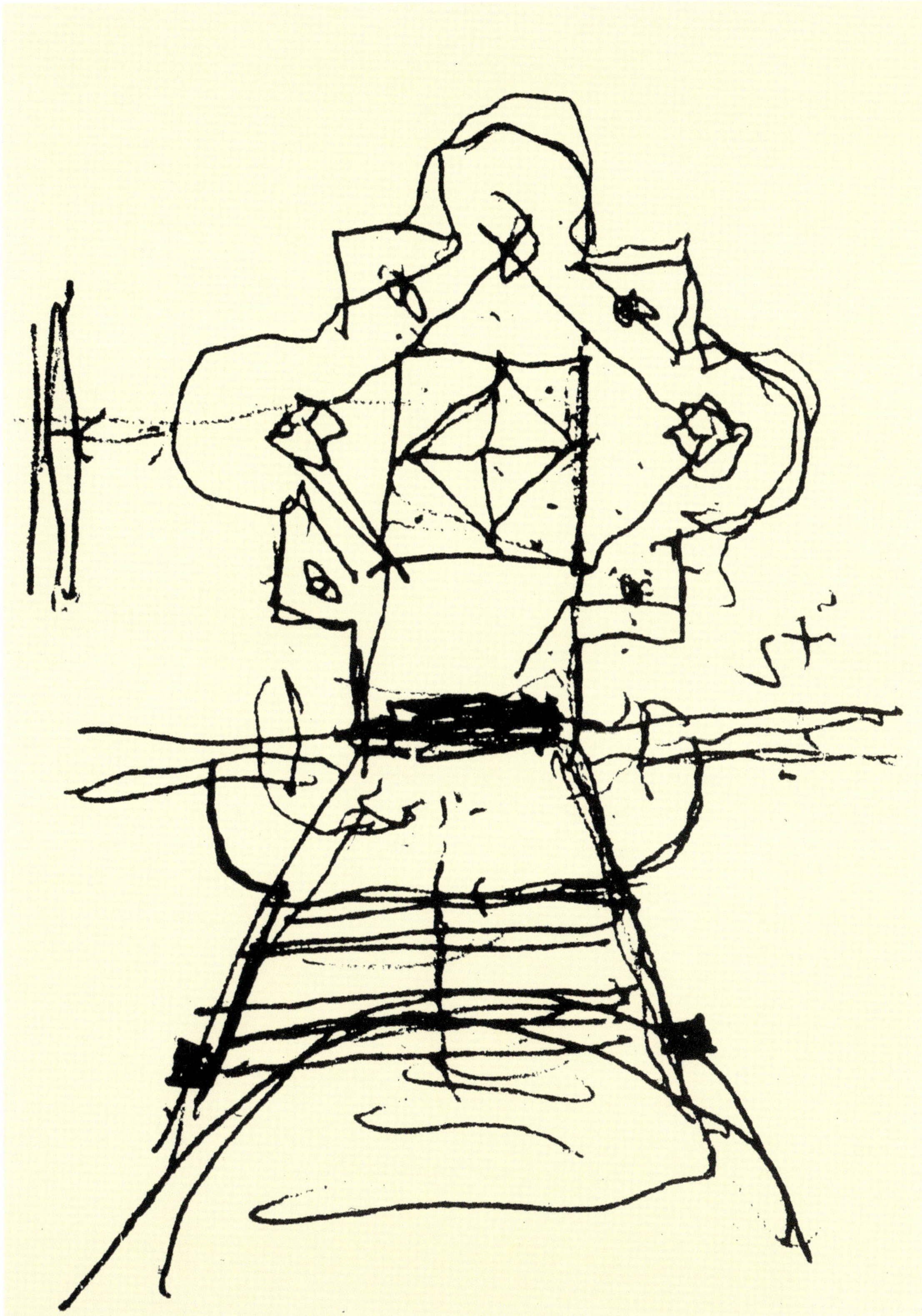

I. M. Pei en discussion près de la pyramide avant son achèvement.

Un des premiers croquis de concept de I. M. Pei qui a exploré diverses solutions pour la pyramide et ses bassins.

I. M. Pei in discussion near the Pyramid before its completion.

An early concept sketch by I. M. Pei exploring solutions for the Pyramid and its associated basins.

La pyramide du Louvre, vingt ans après

The Louvre Pyramid Twenty Years Later

C'est à peine quatre mois après avoir été élu président de la République que François Mitterrand annonça, le 26 septembre 1981, que le musée du Louvre allait s'installer dans la totalité du palais. Occupé en partie par le ministère des Finances, l'un des plus prestigieux musées du monde avait besoin d'être rénové. Un an plus tard, en octobre 1982, le Président nomma Émile Biasini, responsable de l'étude du projet. Celui-ci avait été membre du cabinet du ministre de la Culture, André Malraux, puis nommé à la tête de l'ORTF (Office de Radiodiffusion-Télévision française) où il avait introduit la télévision en couleur, en 1967. Il recommanda la désignation de l'architecte I. M. Pei pour diriger la conception du nouveau Louvre, et ce sans concours. Né en 1917, et ayant atteint un âge où certains prennent leur retraite, Pei qui avait à son actif, entre autres, le bâtiment est de la National Gallery of Art de Washington (1974–78), ne participait plus aux compétitions architecturales. On fut surpris qu'il demande un délai d'étude avant d'accepter cette proposition. Dans le plus grand secret, il visita à trois reprises le musée au cours de l'hiver

It was just over four months after being elected President of France that François Mitterrand announced, on 26 September 1981, that the entire Louvre palace would become a museum. Occupied in part by the Ministry of Finance, the Louvre obviously ranked amongst the most prestigious museums in the world, but needed renovation. A year later, in October 1982, Mitterrand named Emile Biasini to study the project. Biasini had been a member of the cabinet of French Minister of Culture André Malraux, and had, as head of the state-run ORTF (Office de Radiodiffusion-Télévision Française), introduced colour television to the country in 1967. It was Emile Biasini who recommended that I. M. Pei should be selected to head the design of the new Louvre without a competition. Born in 1917, he was at an age when some retire, and with projects such as the East Building of the National Gallery of Art in Washington DC (1974–78) to his credit, Pei no longer participated in competitions. Even more surprisingly, he asked for a study period before accepting the job. In conditions of utmost secrecy, he paid three visits to the museum in the winter of 1982–83.

Vue de la pyramide et des bassins devant l'aile Sully.

A view of the Pyramid and basins, looking toward the Sully Wing of the Louvre.

Je n'ai pas accepté d'emblée le projet, même si j'étais très excité par cette idée.
I. M. PEI

I didn't accept the project right away, excited though I was.
I. M. PEI

1982–83. « Je n'ai pas accepté immédiatement ce projet, même si j'étais très excité par cette idée », raconte-t-il. « J'ai, au contraire, dit à Mitterrand qu'il me fallait quatre mois pour l'explorer avant de pouvoir m'engager. Je voulais ce laps de temps pour étudier l'histoire de France, parce qu'au fond qu'est-ce que le Louvre ? Ses premiers éléments furent édifiés au XIIe siècle, quand une succession de souverains arrivèrent, qui construisirent sur le site et démolirent autant qu'ils l'ont souhaité. Pendant huit cents ans, le Louvre a été l'un de ces monument qui reflètent l'histoire des Français. J'ai pensé, en posant cette condition préalable, que le Président me remercierait, mais refuserait parce qu'il était pressé – il avait été élu en 1981, son mandat ne durait que sept ans et nous étions déjà en 1983 – il y avait ainsi une forte pression sur lui… »[1]

L'architecte décida finalement d'accepter la commande, et proposa un plan qui envisageait d'utiliser la cour Napoléon, située au cœur du palais et s'étendant entre les deux ailes construites sous Napoléon III, entre la rue de Rivoli et la Seine. En creusant cette cour, il devenait possible de créer une nouvelle entrée centrale, qui

"I didn't accept the project right away, excited though I was," says Pei. "Instead, I told Mitterrand that I needed four months to explore the project before I could accept it. I wanted that time so I could study the history of France, because what is the Louvre? The first portions were built in the twelfth century, and a succession of rulers came, and built and demolished as they saw fit. For eight hundred years the Louvre has been a monument for the French – the building mirrors their history. I thought that by asking him for this time it might make him say no, thank you very much, because he was in a hurry – he'd been elected in 1981 and his term would last only seven years, and this was 1983 – so there was some pressure for him to accomplish something."[1]

The architect finally decided to accept this commission and came forward with a scheme that envisaged the use of the Cour Napoléon, situated between the rue de Rivoli and the River Seine, but, above all, between two wings of the palace built under Napoleon III. By excavating the Cour Napoléon, it would be possible to create a new, central entrance giving access not only to

donnerait accès non seulement aux salles de musée existantes, mais aussi aux espaces de l'aile Richelieu libérés par le ministère des Finances. Pei alla voir le président en juin 1983, et lui expliqua ses plans, sans proposer encore la pyramide qui allait devenir le nouveau symbole du Louvre. Selon Pei, Mitterrand donna son accord en deux mots: «Très bien!».[2] La confiance implicite que révélait cette réaction devait perdurer tout au long de la relation entre l'architecte et l'homme d'État, même lorsque s'éleva une sorte de tempête politique autour du concept de la pyramide. «Le président Mitterrand me dit qu'il appréciait mon travail pour l'habileté que j'avais montrée dans le lien entre la partie ancienne et la partie nouvelle de l'East Building, Washington. Je n'étais en fait pas d'accord avec lui, car quarante années seulement séparent la partie ancienne de la National Gallery et mon nouveau bâtiment, alors que l'histoire du Louvre s'étend, elle, sur huit siècles.»[3] Le respect de Pei pour l'histoire de France symbolisée par le Louvre était une réponse à ceux qui allaient lui reprocher d'ignorer l'architecture du palais en faveur d'une approche géométrique moderniste.

the existing museum but also to spaces to be liberated in the Richelieu Wing by the Ministry of Finance. I. M. Pei went to see the President in June 1983 and explained this scheme, without yet proposing the Pyramid that was to become the real symbol of the Louvre. As Pei recalls this meeting, Mitterrand acquiesced with just two words: "Très bien" – very well.[2] The implicit trust revealed by this remark was to continue throughout the relationship between the architect and the President, even when something of a political storm arose around the concept of the Pyramid. "President Mitterrand told me that he liked my work because of the ability I had shown to unite the old and the new in the East Building. I actually disagreed with him because only forty years separates the older part of the National Gallery and the East Building, whereas the history of the Louvre is eight centuries long."[3] Here, too, the respect shown by Pei for the history of France symbolized by the Louvre offered a ready response to those who would tax him with ignoring the architecture of the palace in favour of modern geometry.

Les échafaudages de la pyramide en construction commencent à donner une idée de la forme finale.

Scaffolding on the Pyramid begins to give an impression of its final form during construction.

Le réseau complexe de supports métalliques qui assurent la stabilité de la pyramide, avant la mise en place des panneaux de verre.

The intricate web of metallic supports that give the Pyramid its stability, seen here before the glass was put in place.

Un diamant pour le Louvre C'est en janvier 1984 que le projet fut officiellement présenté à la Commission supérieure des monuments historiques en charge de la protection des bâtiments classés. La pyramide était maintenant pleinement visible. Le quotidien de droite *Le Figaro* et un ancien ministre de la Culture, Michel Guy, montèrent une campagne contre le projet qui trouvait néanmoins une certaine faveur auprès du public. L'année suivante, Jacques Chirac, maire de Paris et opposant politique au président Mitterrand, demanda qu'une maquette grandeur nature de la pyramide soit réalisée avec des poteaux et des câbles sur le site même. À la surprise de certains, il décida de ne pas bloquer le projet, peut-être parce que l'épouse de l'ancien président Georges Pompidou y était favorable. «Émile Biasini m'avait dit que j'avais intérêt à convaincre Madame Pompidou, et je me suis donc rendu à plusieurs reprises chez elle pour en discuter. Pendant un certain temps, je fus diplomate à Paris, alors que je ne parlais même pas le français! »[4]

A Diamond for the Louvre It was in January 1984 that the project was officially presented to the authorities in charge of listed buildings (Commission Supérièure des Monuments Historiques) now with the Pyramid fully in evidence. A daily newspaper, Le Figaro, *politically to the right of President Mitterrand, and former Minister of Culture Michel Guy stirred up a campaign against the project that met with a good degree of public response. The following year, Jacques Chirac, the Mayor of Paris, and a political opponent of Mitterrand, asked that a full-scale mock-up of the Pyramid made with poles and wires be erected on the site. To the surprise of some, Chirac decided not to block the project, perhaps because the widow of former French President Georges Pompidou favoured the scheme. "Emile Biasini told me that I had to convince Mme Pompidou, and I went several times to her apartment to discuss the matter with her. For a time, I was a diplomat in France who did not even speak the language!"*[4]

Je m'attendais, bien sûr, à une controverse, et je n'ai pas été surpris d'être attaqué.
I. M. PEI

I had fully expected controversy in this instance, and I was not surprised when we were attacked.
I. M. PEI

C'est peut-être la personnalité d'Ieoh Ming Pei, peu enclin à l'esprit de confrontation, qui emporta la décision. Au cours d'une rencontre avec Jacques Chirac, organisée par Émile Biasini, les choses commencèrent à se calmer. « Nous avons à peine parlé de la pyramide, et je me suis bien entendu avec Monsieur Chirac car il s'intéressait beaucoup à l'art oriental, et nous avons plutôt parlé de ce sujet. » [5] Revenant sur cette période en 2009, I. M. Pei remarque : « Je m'attendais, bien sûr, à une controverse et je n'ai pas été surpris d'être attaqué, mais cela ne me dérangeait pas vraiment, car je sentais que nous avions raison. Le président Mitterrand et Émile Biasini étaient ceux que je devais convaincre. Lorsque j'ai expliqué pour la première fois le concept architectural au président, je disposais de quatre formes de pyramides en Plexiglas que j'avais mises en place sur un plan. Émile Biasini fit remarquer, en les regardant, qu'on pouvait penser à des diamants, et c'était en effet des sortes de cristaux. Comme je ne parlais pas le français, je m'adressais au président en anglais et il écoutait. J'ai pu lui présenter les alternatives et le convaincre. » [6]

It may well be the personality of I. M. Pei, who is rarely confrontational, that carried the day. It was in the course of a meeting with Chirac organized by Emile Biasini that things began to calm down. "We hardly talked about the Pyramid at all, on the contrary I got on well with Mr Chirac because he was very interested in oriental art and we talked about that instead."[5] Looking back on this period in 2009, I. M. Pei states: "I had fully expected controversy in this instance, and I was not surprised when we were attacked. But this did not really disturb me because I felt that we were right. President Mitterrand and Emile Biasini were the ones I really had to convince. When I first showed the President the concept for the architecture, I had four Plexiglas pyramidal forms made that I placed in their location on a plan. Emile Biasini said that they looked like diamonds, and they were indeed crystals of a kind. As I did not speak French, I addressed myself to the President in English and he listened. I was able to go through the alternatives and convince him."[6]

Les talents d'organisateur d'Émile Biasini permirent la construction de la pyramide. Alors que la controverse faisait encore rage, il organisa en janvier 1984, dans la station balnéaire d'Arcachon, une réunion avec Pei et les directeurs des sept départements du Louvre. Côté musée, le personnage le plus important était Michel Laclotte, alors conservateur des peintures et futur directeur du Louvre. Avec son accord et celui de ses collègues, l'idée du Grand Louvre devint une réalité. Bien que son soutien fût fondamental, Pei travailla également à emporter l'adhésion des autres conservateurs. «Un élément essentiel», explique-t-il, «était de résoudre un problème posé par le conservateur du département des sculptures, Jean-René Gaborit. Il voulait que les fameux *Chevaux de Marly*[7] soient présentés en lumière naturelle, mais dans un espace couvert. J'ai proposé de protéger par une verrière deux des cours intérieures de l'aile Richelieu, qui servaient naguère de parking au ministère des Finances, et de consacrer ces espaces au département des sculptures. Elles sont devenues les cours Marly et Puget, et je

The organizational talents of Emile Biasini also ultimately made the construction of the Pyramid possible. While the controversy over the project was still raging, Biasini called a meeting in January 1984 with Pei and the directors of the seven departments of the Louvre in the south-western resort town of Arcachon. The most important figure on the museum side was Michel Laclotte, then curator of paintings and later director of the Louvre. With his agreement and that of his colleagues, the idea of the Grand Louvre became a reality. Although Laclotte's support was essential, Pei worked to obtain the agreement of the other curators as well. "One essential element," recalls the architect, "was finding a solution to a problem posed by the curator in charge of the sculpture department of the museum, Jean-René Gaborit. He wanted to exhibit the famous Chevaux de Marly *(The Marly Horses)*[7] *in natural daylight, but within a covered space. I proposed to put a glass skylight over two internal courtyards of the Richelieu Wing, used at the time by the Ministry of Finance as parking lots, in order to give these*

Double-page suivante
Une vue aérienne de la pyramide en construction donne une impression de grande densité, due en partie aux échafaudages et aux éléments structurels très présents avant la pose des panneaux de verre.

Following double-page:
An aerial view of the Pyramid seen from above during construction gives the impression of great density, due in part to scaffolding and structural elements, more visible before the glazing was put in place.

pense que cette idée a convaincu Monsieur Gaborit d'apporter son soutien au projet du Grand Louvre à Arcachon.»[8] Quelques jours après cette réunion, l'influent quotidien *Le Monde* publia, le 3 février 1984, une lettre des conservateurs apportant publiquement leur soutien aux plans de Pei.

Comme un bateau ancré dans la Seine   L'un des résultats assez inattendus de l'accord d'Arcachon fut que le Louvre, naguère divisé en sept fiefs, chacun dirigé par un conservateur jouissant d'une certaine indépendance, évolua vers la gestion plus centralisée qu'allaient exercer ses directeurs successifs. En un sens, cette évolution a été une conséquence naturelle du projet architectural défendu par Pei. Si la pyramide fut l'objet de toutes les controverses et constitue l'élément architectural le plus visible du projet, ce que Pei et son équipe ont réussi à faire avant tout, a été de créer un musée moderne dans la coquille d'un palais ancien. Les plans comprenaient la disposition centrale de l'entrée, bien sûr, mais aussi un auditorium moderne, des espaces

spaces to the sculpture department. These became the Marly and Puget courtyards, and I believe that this idea is what convinced Mr Gaborit to throw his support behind the Grand Louvre project in Arcachon."[8] The influential daily newspaper Le Monde *published a letter from the curators on 3 February 1984 just days after the Arcachon meeting, publicly announcing their support for the Pei scheme.*

Like a Ship Docked on the Seine   One, somewhat unexpected, result of the Arcachon agreement was that the Louvre, formerly divided into seven fiefdoms, each with its own fairly independent curator, took a large step toward the more centralized control exercised by subsequent directors of the museum. In a sense, this was a natural consequence of the architectural project carried out by Pei. The Pyramid was the object of all the controversy, and the most visible architectural element of the new design, and yet, what Pei and his team really did is to create a modern museum within the shell

Le spectaculaire escalier en spirale part de l'entrée de la pyramide pour conduire au nouvel espace de billetterie et d'accès aux ailes du musée.

The spectacular spiral staircase leads from the Pyramid entrance at ground level to the new ticketing and entrance area of the museum.

pour des expositions temporaires, des zones consacrées à l'histoire du Louvre lui-même, des boutiques, et peut-être le plus important, toute l'infrastructure technique et cachée nécessaire au fonctionnement de cette énorme institution, et dont l'ancien Louvre manquait cruellement. Pei a comparé les volumes ouverts sous la cour Napoléon à la quille d'un navire habillée de pierre (Magny dorée) qui rappelle la pierre blonde traditionnelle de Paris. Ce grand navire est bien sûr le palais, aujourd'hui presque entièrement consacré à ses espaces muséaux. Par ses implications politiques, historiques et architecturales, Le Louvre est vécu par I. M. Pei comme le projet le plus significatif de sa carrière, fait qui a pu échapper à de nombreux critiques d'architecture, aux États-Unis par exemple.

L'un des articles du contrat de I. M. Pei avait été conçu pour que le résultat final corresponde bien aux plans de l'architecte. Contrairement à la procédure habituelle en France qui veut que les ingénieurs jouent souvent un rôle important dans les plans d'exécution et le chantier lui-même, Pei demanda à devenir le

of the old palace. This included the central entry, of course, but also a modern auditorium, temporary exhibition spaces, areas devoted to the history of the Louvre, shops, and perhaps most importantly the necessary behind-the-scenes infrastructure that the old Louvre so sorely lacked. Pei has compared the spaces he added in the Cour Napoléon to the keel of a ship, clad in stone (magny doré) *that does bring to mind the blond stone of Paris itself. The great ship itself is of course the palace, now almost entirely given over to museum spaces. Because of its political, historical and architectural implications, I. M. Pei feels that the Louvre is his most significant project, a fact that may well have escaped many architecture critics in the United States, for example.*

One contractual aspect of I. M. Pei's work on the Louvre was important in assuring that the final result corresponded to the architect's design. Contrary to the usual procedure in France, where engineers often play a significant role in the creation of the construction documents and the actual building, Pei assured

Yann Weymouth et I. M. Pei devant les nœuds structurels qui soutiennent la pyramide.

Yann Weymouth and I. M. Pei viewing the structural nodes that support the Pyramid.

mandataire officiel du projet pour concentrer entre ses mains les obligations contractuelles finales et les responsabilités. Ce qui lui permettait, en étroite collaboration avec le musée et l'Établissement public du Grand Louvre (EPGL) – l'autorité publique créée à l'occasion –, de suivre réellement les travaux jusqu'à leur achèvement. Pei mit également sur pied une équipe de talent constituée de vingt-huit collaborateurs résidant à Paris, qui assura la conception et le suivi jusque dans les moindres détails. L'un des partenaires de son agence Pei Cobb Freed, Leonard (Jake) Jacobson, architecte efficace et de contact agréable, fut le responsable administratif du projet. Yann Weymouth, dont quelques-uns des nombreux croquis sont reproduits dans ce livre, fut l'architecte chargé de la conception. Parlant couramment le français, Weymouth fut l'un des personnages clés non seulement dans de nombreuses décisions touchant à la conception, mais aussi dans les relations avec l'EPGL et le musée. Le fils de Pei, Chien Chung Pei, était architecte de projet et administrateur, tandis que l'architecte français Michel

that he became the official mandataire *for the project, thus concentrating the final contractual obligations and responsibilities in his own hands. This allowed him, in close collaboration with the museum itself and with the public authority established for the construction (the EPGL or Etablissement public du Grand Louvre), to follow the work right through to the end. Pei also created a talented team of as many as twenty-eight people that took up residence in Paris to design and carry forward every detail. His partner in the firm Pei Cobb Freed, Leonard (Jake) Jacobson, a jovial and efficient architect, was the Administrative Principal in charge of the project. Yann Weymouth, some of whose numerous sketches are reproduced in this book, was the Chief of Design for I. M. Pei on the Grand Louvre project. Fluent in French, Weymouth was a key figure not only in many design decisions but also in the ongoing relationship with the client (EPGL) and the museum. Pei's own son, Chien Chung Pei, was a Design Architect and administrator, while the French architect Michel Macary, who was later to participate in the design of the*

Leonard Jacobson et I. M. Pei sur le chantier. Au fond, Yann Weymouth.

Leonard Jacobson and I. M. Pei on site with Yann Weymouth in the background.

Macary, qui devait participer un peu plus tard à la conception du Stade de France à Saint-Denis, joua un rôle très important dans la première et la seconde phase (aile Richelieu) du chantier. Parmi de nombreux autres participants, l'architecte Jean-Michel Wilmotte s'imposa comme l'un des principaux représentants de la nouvelle génération de designers français dans les aménagements intérieurs sous la pyramide, en particulier dans les salles d'expositions temporaires, avant de passer à l'Aile Richelieu du palais. « Nous avions un fantastique "esprit d'équipe", comme disent les Français », se rappelle Pei. « Cette équipe travaillait vraiment très bien ensemble. »[9]

La forme la plus appropriée Dans la préface à ce livre, I. M. Pei exprime ses pensées sur la pyramide, vingt ans après son inauguration. Bien que celle-ci soit devenue en un certain sens un symbole de la France, presque aussi fréquemment photographié que la tour Eiffel, sa forme surprend encore, et dérange même parfois dans cet environnement historique. Cependant, selon Pei,

Grand Stade football stadium in Saint-Denis, was also an important figure both in the first phase and the second (Richelieu Wing) of the Grand Louvre project. Though many others participated, the French interior designer and architect Jean-Michel Wilmotte emerged here as one of the leading figures of a new generation of French designers with his interiors beneath the Pyramid, in particular the temporary exhibition areas. "There was a tremendous 'esprit d'équipe' as the French say," recalls Pei. "This team really worked well together."[9]

The Most Appropriate Form In the preface of this book, I. M. Pei has expressed his thoughts about the Pyramid, twenty years after its inauguration. Though the Pyramid has in some sense become a symbol of France, almost as frequently photographed as the Eiffel Tower, its very form remains surprising, and, perhaps for some, disturbing in this traditional environment. And yet, according to Pei, this may well have been the only solution to meet the requirements of the Grand Louvre. Pei, who is not

La pyramide, qui est un moyen d'éclairer les nouveaux espaces souterrains du palais, permet aux visiteurs de continuer à voir les façades du Louvre. Portrait de I. M. Pei.

The Pyramid brings light into the underground spaces and also allows visitors inside to perceive the facades of the Louvre itself. Portrait of I. M. Pei.

SULLY

elle était peut-être la seule solution aux besoins du Grand Louvre. L'architecte, qui ne réalise pas de dessins très élaborés, a défini la forme de la pyramide et de ses bassins en quelques croquis rapides reproduits en illustration de sa préface. «Le programme demandait de créer au moins 92 000 mètres carrés de surface utile», explique-t-il. «Il n'était pas possible d'imaginer de développer un tel métrage au niveau du sol, et donc nous avions besoin de passer sous la cour. La proximité de la Seine signifiait par ailleurs que nous ne pouvions pas creuser trop profondément sans rencontrer certains problèmes techniques et multiplier les coûts. Les plans de ces espaces souterrains étaient d'une importance cruciale, ce qui voulait aussi dire que la seule forme visible signalant l'entrée devait être étudiée avec le plus grand soin. Nous avons essayé diverses formules, y compris un cube ou une forme hémisphérique, mais si vous considérez la silhouette du Louvre, vous n'y trouvez aucune courbe, ce qui nous a fait l'exclure. J'ai fini par conclure que la pyramide était la seule forme acceptable. La plus appropriée.»[10]

given to elaborate drawings, laid out the basic forms of the Pyramid and its basins in a few rapid sketches, reproduced in this book with the Preface. "The programme called for more than 92,000 square metres or more of floor space," says I. M. Pei. "It was not possible to imagine creating that much area above ground near the Louvre, thus we needed to put it beneath the courtyard. The proximity of the River Seine meant that we could not dig too deep without very high costs and technical problems. The planning of the underground spaces was thus of crucial importance, but this meant that the only visible form signalling the entrance had to be carefully considered. We experimented with various forms, we even tried a cube or a curved, hemispheric shape. But, if you look at the silhouette of the Louvre, there is no curve, so we had to exclude curves. I concluded that the pyramid was the only shape that was acceptable. It is the most appropriate form."[10]

The success of the Pyramid is of course related not only to its form but also to its structure. From the outset, Pei knew that

J'ai fini par conclure que la pyramide était la seule forme acceptable. La plus appropriée.
I. M. PEI

I concluded that the Pyramid was the only shape that was acceptable. It is the most appropriate form.
I. M. PEI

Le succès de la pyramide est bien entendu lié non seulement à sa forme, mais aussi à sa structure. Pei savait dès le départ que le verre utilisé devait être aussi clair que possible, et avait même étudié, avec la société française Saint-Gobain, un processus de fabrication à partir de sable blanc de Fontainebleau. I. M. Pei a souvent déclaré qu'il était essentiel d'avoir des clients réellement engagés pour obtenir les meilleurs résultats. Ici, le client ultime était le président de la République, et Pei savait que c'était un avantage. « Avec un bon client, vous pouvez faire de bonnes choses... Lorsque vous avez un panneau de verre double, sa couleur vire au vert, et lorsque vous avez quatre angles, quatre panneaux de verre, vous arrivez au vert bouteille, plus sombre. Si vous utilisez ce type de verre, l'aspect entier du Louvre sera changé parce que les bâtiments sont de couleur miel. Ce n'était tout simplement pas acceptable. J'aurais été maudit pour toujours par les Français. Donc, je suis allé voir Mitterrand et je lui ai demandé: "Avez-vous ce verre blanc?", et il me répondit: "Que voulez-vous dire par verre blanc? Du verre

the glass used had to be as clear as possible and even devised a manufacturing process using Fontainebleau white sand in collaboration with the French firm Saint-Gobain. I. M. Pei has often stated that it is essential to have clients who are committed to projects in order to obtain the best results. In this instance, the ultimate client was the President of France and Pei knew that that was an advantage. "With a good client, you can do the right things," he states. "When you have a double pane of glass, it's green, but when you have four corners, four panes of glass, it would be dark bottle green. If you have that kind of glass, the whole Louvre would change because the building is honey coloured. It simply would not be acceptable. I would be damned forever by the French. So I went to Mitterrand. I asked him: 'Do you have that white glass?' He said: 'What do you mean by white glass? Clear glass?' He said: 'Yes, so why don't we use it?' I said: 'Saint-Gobain won't make it.' Saint-Gobain's chairman simply said: 'If you have one thousand pyramids, I'll make it for you, but one pyramid jamais [never].' That was the beginning. But

La pyramide et le pavillon Denon vus du passage Richelieu.

The Pyramid and the Denon Pavilion seen from the Passage Richelieu.

transparent?", et de continuer: "Oui, alors pourquoi ne pas l'utiliser?" Je l'informai que Saint-Gobain ne le fabriquerait pas. Le président de Saint-Gobain ayant simplement répondu: "Si vous aviez mille pyramides, je le ferais pour vous, mais pour une pyramide, jamais." C'était le commencement. Et Mitterrand lança: "Faites-le", et voilà ! C'est pourquoi il est important d'avoir un bon client.» [11]

Le verre fut poli en Grande-Bretagne pour être parfaitement plat et éviter toutes distorsions, mais le défi le plus important restait la structure métallique tenant la pyramide. Il était essentiel qu'elle soit extrêmement solide et légère. Pei fit appel à Navtec, une entreprise du Massachusetts, surtout connue dans le gréage des voiliers de l'America's Cup. En collaboration avec l'équipe de Pei, sous la direction de Leonard Jacobson et grâce à des recherches dues en partie à Yann Weymouth, Navtec fabriqua les nœuds et les bielles du système constructif qui comprend cent vingt-huit poutres maintenues par seize fins câbles d'acier. Ce réseau, qui soutient le verre transparent de

Mitterrand just said, 'do it' and that's it. So you have to have a good client." [11]

The glass was polished in England to be perfectly flat, avoiding any distortions, but even more challenging was the metallic structure that holds the Pyramid together. It was essential that it be extremely light and strong. Pei called on Navtec, a Massachusetts firm best known for the rigging on the America's Cup sailing boats. With Pei's team under the direction of Leonard Jacobson, and design work partially by Yann Weymouth, Navtec manufactured the nodes and struts for a system that includes 128 girders held by sixteen fine cables. The net result, combining the clear Saint-Gobain glass with nodes and cables inspired by ship rigging, is precisely the spider-web lightness sought by the architect.

The Real Perspective *A great part of I. M. Pei's ability to surmount the considerable difficulties surrounding the Grand Louvre project and the Pyramid has to do with his interest in*

Saint-Gobain, répond avec précision aux critères de légèreté arachnéenne définis par l'architecte.

La vraie perspective Une grande partie de la capacité de I. M. Pei à surmonter les difficultés considérables du projet du Grand Louvre et de la pyramide tient à son intérêt et à son respect pour l'Histoire, qualité assez rare chez les architectes contemporains. Si le célèbre ouvrage le *Da Vinci Code* suggère, sur la fin, que la tombe de Marie Madeleine se trouverait sous la pyramide inversée du Louvre, dans la galerie commerciale, le vrai secret du palais tient à l'histoire du site. C'est Louis XIV qui demanda au grand jardinier André le Nôtre (1613–1700) de dessiner le long jardin en perspective qui part du Louvre vers les Champs-Élysées actuels. L'étude de l'œuvre de Le Nôtre par Pei, et, en particulier, de son usage magistral de l'eau et des reflets, est au cœur du dessin de la pyramide. Par ses façades de verre et les bassins et fontaines qui l'entourent, le dispositif cherche à refléter le ciel de Paris. La grande perspective de Le Nôtre

and respect for history, a quality not often found in contemporary architects. Although Ron Howard's 2006 film The Da Vinci Code *ends with the suggestion that Mary Magdalene is buried beneath the Louvre's Inverted Pyramid (in the gallery near the parking facilities of the complex), the real secret of the Louvre lies in the history of the site. It was King Louis XIV who asked the great garden designer André Le Nôtre (1613–1700) to lay out the long perspective garden beyond the Louvre in the direction of the modern Champs Élysées. Pei's study of Le Nôtre and in particular his masterful use of water and reflection is very much at the heart of the design of the Pyramid. With its slanted glass facades and its encircling basins and fountains, the structure is most obviously intended to reflect the sky of Paris. Le Nôtre's great perspectives contain the very seeds of modernity that I. M. Pei is fully aware of. The geometry of the Pyramid is more a reflection of history and the sky of France than it is a gesture of any wilful break with the past. It is out of respect for this past that Pei could not*

contient le germe de la modernité dont I. M. Pei était si conscient. La géométrie de la pyramide est davantage un reflet de l'Histoire et du ciel de France qu'un simple geste de rupture avec le passé. C'est bien au contraire par respect pour ce passé que Pei ne pouvait pas oser édifier une construction en pierre, ou quoi que ce soit qui puisse entrer en concurrence avec le palais. Son audace est le fruit d'une attitude tout en modestie face à tant d'Histoire. I. M. Pei a déclaré, dans d'autres circonstances et plus récemment, que, lorsqu'il est amené à construire dans des environnements historiques, il recherche « l'essence » des cultures concernées. À juste titre, il ne voit pas de contradiction fondamentale entre le passé et le présent, et, comme sous le règne de Louis XIV, il a recherché avec la pyramide, la substance intime de l'Histoire et le reflet du ciel de Paris.

Le roi et la cour s'installèrent à Versailles en 1668, mais, trois ans plus tôt, le souverain avait demandé à Gianlorenzo Bernini (1598–1680) de dessiner l'aile orientale de la cour Carrée du Louvre, qui n'avait jamais été édifiée pour diverses raisons. C'est

dare to build a stone structure, or one that would in any way compete with the great palace. His audacity is the fruit of fundamental modesty in the face of so much history. I. M. Pei has said in other circumstances, and more recently, that when building in historic environments he has sought out the "essence" of the cultures concerned. He rightfully sees no fundamental contradiction between the past and the present, yet, as he did with the Pyramid, he looks for the unsubstantial, yet essential substance of history, the reflection of the sky of Paris, as true as it was under Louis XIV.

Louis XIV and the French court moved to Versailles in 1668, but three years prior, the king asked Gianlorenzo Bernini (1598–1680) to design an eastern wing for the Cour Carrée of the Louvre, never built because of the change in the seat of power. It was also in 1665 that Louis XIV commissioned the great Italian artist to carve a marble equestrian statue of himself. The sculpture did not meet with royal approval. Later modified by the French sculptor François Girardon (1628–1715),

Devant la pyramide, un moulage en plomb de la sculpture équestre de Louis XIV par Le Bernin marque l'axe des Champs-Élysées.

A lead cast of Bernini's equestrian sculpture of Louis XIV marks the real axis of the Champs Élysées, with the Pyramid visible behind.

également en 1665 qu'il commanda au grand artiste italien de réaliser dans le marbre une statue le représentant à cheval. L'œuvre ne remporta pas l'adhésion du roi. Modifiée ultérieurement par le sculpteur français François Girardon (1628–1715), elle fut installée au loin dans les jardins de Versailles. I. M. Pei a eu l'idée inattendue de faire exécuter un moulage en plomb de cette œuvre célèbre et de la disposer sur un piédestal à proximité de la pyramide. Cette décision était un geste riche de symbolique historique. Ainsi, l'architecte rendait hommage à l'un des plus grands artistes à avoir travaillé sur le palais du Louvre, et au prince qui avait su s'entourer de créateurs aussi formidables que Bernini, dit Le Bernin, et Le Nôtre. L'implantation exacte de cette statue n'a pas été laissée à des considérations purement esthétiques. Si la cour Napoléon est en léger décalage par rapport à la perspective des Champs-Élysées, la sculpture, elle, est précisément dressée sur cet axe, à droite de la pyramide quand les visiteurs font face au palais du Louvre. La ligne invisible de cet axe majeur, qui s'étend même au-delà des Champs-Elysées, est comme une trace

it was removed to a distant end of the gardens at Versailles. I. M. Pei had the unexpected idea of having this celebrated work cast in lead and placed on a pedestal near the Pyramid. The placement of this equestrian sculpture near the Pyramid is a gesture replete with historic symbolism. With it, Pei renders homage to one of the greatest artists to have imagined the forms of the Louvre, and the king who had the prescience to surround himself with such formidable creators as Bernini and Le Nôtre. Nor is the exact placement of the statue left to purely aesthetic considerations. Since the Cour Napoléon is not precisely aligned with the Champs Élysées, the sculpture is in fact on that axis, to the right of the Pyramid as visitors face the Louvre. The invisible line that leads even beyond the Champs Élysées is like a trace of history drawn through space and time, linking Le Nôtre to Pei, and the Louvre to its own history. This abstract notion, given form by the cast of the equestrian statue, is one key to understanding the real meaning of the Pyramid.

Ici, nous nous trouvons précisément au cœur de l'histoire de France.
FRANÇOIS MITTERRAND

Here we are located precisely at the heart of the history of France.
FRANÇOIS MITTERRAND

que l'Histoire aurait laissée dans le temps et l'espace. Elle relie Le Nôtre à Pei et le Louvre à sa propre histoire. Cette idée abstraite, à laquelle la statue équestre donne forme, est une des clés pour comprendre le sens profond de la pyramide.

AU CŒUR DE L'HISTOIRE À l'occasion de l'inauguration de la pyramide en mars 1989, le président François Mitterrand revint sur le sens de ce projet. « Ici », dit-il dans un entretien télévisé, « nous nous trouvons précisément au cœur de l'histoire de France, près de la tour de Philippe Auguste, la tour du Louvre [...] où le roi, de son sceau royal, marqua pour la première fois l'unité du royaume [...]. Nous sommes également à proximité du site de l'ancien palais des Tuileries qui marque, à partir de Catherine de Médicis, une nouvelle série de constructions admirables [...]. Il est en effet très exaltant pour l'esprit, même avec modestie, d'ajouter quelque chose à cet édifice. Je ne prétends d'aucune façon être celui qui décide de ce que devrait être l'esthétique en France, mais j'ai contribué au Louvre. »[12]

AT THE HEART OF HISTORY On the occasion of the opening of the Pyramid in March 1989, President François Mitterrand reflected on the significance of the project. "Here," he said in a television interview, "we are located precisely at the heart of the history of France, next to the tower of Philippe Auguste, where the king first signalled the unity of the country. We are also near the site of the former Tuileries Palace, which formed, from Catherine de Medici onward, the place where we are. It is exalting for the spirit, with all due modesty, to add something to this edifice. I do not pretend to decide in any sense what the aesthetics of France should be, but I have contributed to the Louvre."[12] The fact that I. M. Pei was able to build in this location, and that he successfully modernized the Louvre, is an accomplishment that places him in a category apart in contemporary architecture. Numerous people from the President of France, to Emile Biasini, Michel Laclotte and Pei's talented team contributed to this success, but the man who sketched the forms of the

Le fait que I. M. Pei ait pu construire en ces lieux, et qu'il ait réussi à moderniser le Louvre, est un exploit qui le range dans une catégorie à part dans l'histoire de l'architecture contemporaine. De nombreuses personnes – du président français à Émile Biasini, Michel Laclotte, les conservateurs du Louvre et la brillante équipe de Pei – ont contribué à cette réussite, mais l'homme qui, en simplement quelques lignes, a esquissé les formes de la pyramide, imaginant comment elle fonctionnerait, reste son créateur. Peu d'architectes peuvent se targuer d'un tel succès dans leur propre pays, et moins encore en dehors de leur pays natal. I. M. Pei a pu le faire à Paris, en renouvelant son attachement fondamental aux formes géométriques pures du modernisme, avec un profond respect pour l'histoire de France. Qu'il n'y ait pas ici de réelle contradiction entre le passé et le présent prouve que l'architecture d'aujourd'hui est en mesure de construire à partir de notre patrimoine et de dépasser les accomplissements des périodes antérieures. Comme le dit Pei, c'est le Louvre qui donne à la pyramide son sens et non le contraire. En 2008, plus de huit millions de visiteurs sont entrés au Louvre, beaucoup plus que ce qu'avait imaginé l'archi-

Pyramid in just a few lines, imagining precisely how it would function, remains its creator. Few architects have achieved such success in their own country, fewer still outside their nation of birth. I. M. Pei has done so in Paris, respecting his fundamental attachment to the pure geometric forms of modernism and yet also deeply respectful of the history of France. The fact that there is no real contradiction between the past and present here proves that contemporary architecture is capable of building on heritage and going beyond the accomplishments of earlier times. As I. M. Pei says, it is the Louvre that gives the Pyramid its significance and not the reverse. In 2008, more than eight million people entered the Louvre, far more than the architect imagined when he designed the Pyramid. As Pei says, the spaces beneath the Pyramid are really all about the movement of visitors. This success poses challenges for the future, but twenty years ago I. M. Pei created a symbol not only for the Louvre but also for France.

Philip Jodidio

Malgré les critiques initiales qui jugeaient la pyramide trop difficile à nettoyer, elle est restée quasi impeccable depuis vingt ans.

Despite early criticism that considered the Pyramid difficult to clean, it has been kept nearly spotless for twenty years.

tecte lorsqu'il a dessiné la pyramide. Les espaces auxquels la pyramide permet d'accéder sont réellement dédiés à la circulation de ces derniers. Ce succès pose des défis au futur, mais il reste que I. M. Pei a créé, il y a vingt ans, un symbole dédié non seulement au Louvre, mais aussi à la France.

Philip Jodidio

1 I. M. Pei, cité dans Robert Ivy « At the twilight of his career, I. M. Pei shows few signs of slowing down », in *Architectural Record*, juin 2004, http://archrecord.construction.com/people/interviews/archives/0406IMPei-1.asp (consulté le 30 janvier 2009).
2 Entretien téléphonique de l'auteur avec I. M. Pei, 29 mai 2007
3 Ibid.
4 Entretien téléphonique de l'auteur avec I. M. Pei, 6 février 2009
5 Entretien téléphonique de l'auteur avec I. M. Pei, 20 novembre 2007
6 Entretien téléphonique de l'auteur avec I. M. Pei, 6 février 2009
7 Les *Chevaux de Marly* sont un groupe de sculptures de Guillaume Coustou père (1677–1746), commandées par Louis XV pour l'Abreuvoir de Marly en 1743. Placés ultérieurement à l'entrée des Champs-Élysées, place de la Concorde, ils ont été finalement transférés au Louvre pour des raisons de conservation.
8 Entretien téléphonique de l'auteur avec I. M. Pei, 20 novembre 2007
9 Entretien téléphonique de l'auteur avec I. M. Pei, 6 février 2009
10 Ibid.
11 Transcription de la cérémonie et de la table ronde en honneur de I. M. Pei, pour sa réception donnée à l'occasion du Henry C. Turner Prize pour l'innovation dans les technologies du bâtiment, 15 avril 2003, National Building Museum. http://www.nbm.org/search.jsp?page=3&query=highness, pdf download (accès le 9 février 2009).
12 François Mitterrand, entretien donné à Antenne 2 à l'occasion de l'inauguration du Grand Louvre, le 4 mars 1988.

__1__ I. M. Pei, quoted in Robert Ivy, "At the twilight of his career, I. M. Pei shows few signs of slowing down," in Architectural Record, *June 2004: http://archrecord.construction.com/people/interviews/archives/0406IMPei-1.asp (accessed 30 January 2009).*
__2__ Telephone interview with I. M. Pei by the author, 29 May 2007.
__3__ Ibid.
__4__ Telephone interview with I. M. Pei by the author, 6 February 2009.
__5__ Telephone interview with I. M. Pei by the author, 20 November 2007.
__6__ Telephone interview with I. M. Pei by the author, 6 February 2009.
__7__ The Chevaux de Marly *are sculptures by Guillaume Coustou the Elder (1677–1746) commissioned by Louis XIV for the Abreuvoir, or horse pond, at Marly in 1743. Later placed at the entrance to the Champs Élysées near the Place de la Concorde, they were finally moved to the Louvre for conservation reasons.*
__8__ Telephone interview with I. M. Pei by the author, 20 November 2007.
__9__ Telephone interview with I. M. Pei by the author, 6 February 2009.
__10__ Ibid.
__11__ "Transcript of the Ceremony and Roundtable Discussion In Honor of I. M. Pei Upon His Receipt of the 2003 Henry C. Turner Prize for Innovation in Construction Technology," 15 April 2003, National Building Museum: http://www.nbm.org/search.jsp?page=3&query=highness, pdf download (accessed on 9 February 2009).
__12__ François Mitterrand, interview on the occasion of the inauguration of the Grand Louvre Pyramid, Antenne 2 (French national television), 4 March 1989.

Concept de base

Quand I. M. Pei accepta la mission complexe que lui proposait Émile Biasini à la demande de Mitterrand, l'un de ses premiers réflexes fut de faire appel à des associés de confiance et de créer, sur le chantier même, une agence rapidement bourdonnante d'activité. Il en nomma responsable son partenaire Leonard Jacobson (1921–92). «Jake», en charge de l'administration, fut l'une des figures essentielles de ce projet. Un second personnage clé de l'équipe fut Yann Weymouth, que Pei approcha au printemps 1983. Il dirigea l'équipe principale de Pei d'abord à New York, à partir du 14 juillet 1983, puis à Paris. Weymouth s'installa à Paris avec l'équipe formée à l'automne 1984, et y demeura jusqu'en novembre 1990. Chef de projet sur le Grand Louvre, il jeta sur le papier ses réflexions et de multiples dessins. Ce livre en reproduit un certain nombre. Dans cette première section, quatre pages de son carnet de croquis de 1983 et 1985 précisent certaines décisions de base prises sur la forme et les circulations, mais révèlent également que les architectes jouèrent avec l'idée de placer les célèbres sculptures des *Chevaux de Marly* sous la pyramide.

Un ouvrier perché dans la très simple et très élégante structure de la pyramide, clé de sa transparence

Basic Concept

When I. M. Pei accepted the complex mission proposed to him by Emile Biasini on behalf of President Mitterrand, one of his first reflexes was to involve trusted associates and, indeed, to set up a very active office on site. He put his partner Leonard Jacobsen (1921–92) in charge. "Jake" became an essential figure for the project, as the partner in charge of administration. A second key person in the team was Yann Weymouth, who Pei approached in the spring of 1983. Weymouth took on the responsibility of leading Pei's team first in New York, from 14 July 1983, and then in Paris. Weymouth moved to Paris with the team he had helped to select in the autumn of 1984, remaining there until November 1990. As Chief of Design on the Grand Louvre Project for I. M. Pei, Weymouth committed to paper his thoughts and drawings during the entire period. In this first section, four pages from his sketchbooks dating between 1983 and 1985 give an idea of some of the basic decisions about form and circulation that were taken, but also reveal that the architects mused about placing the celebrated Chevaux de Marly *sculptures beneath the Pyramid.*

A worker perched in the basically very simple and elegant structure of the Pyramid, the key to its transparency.

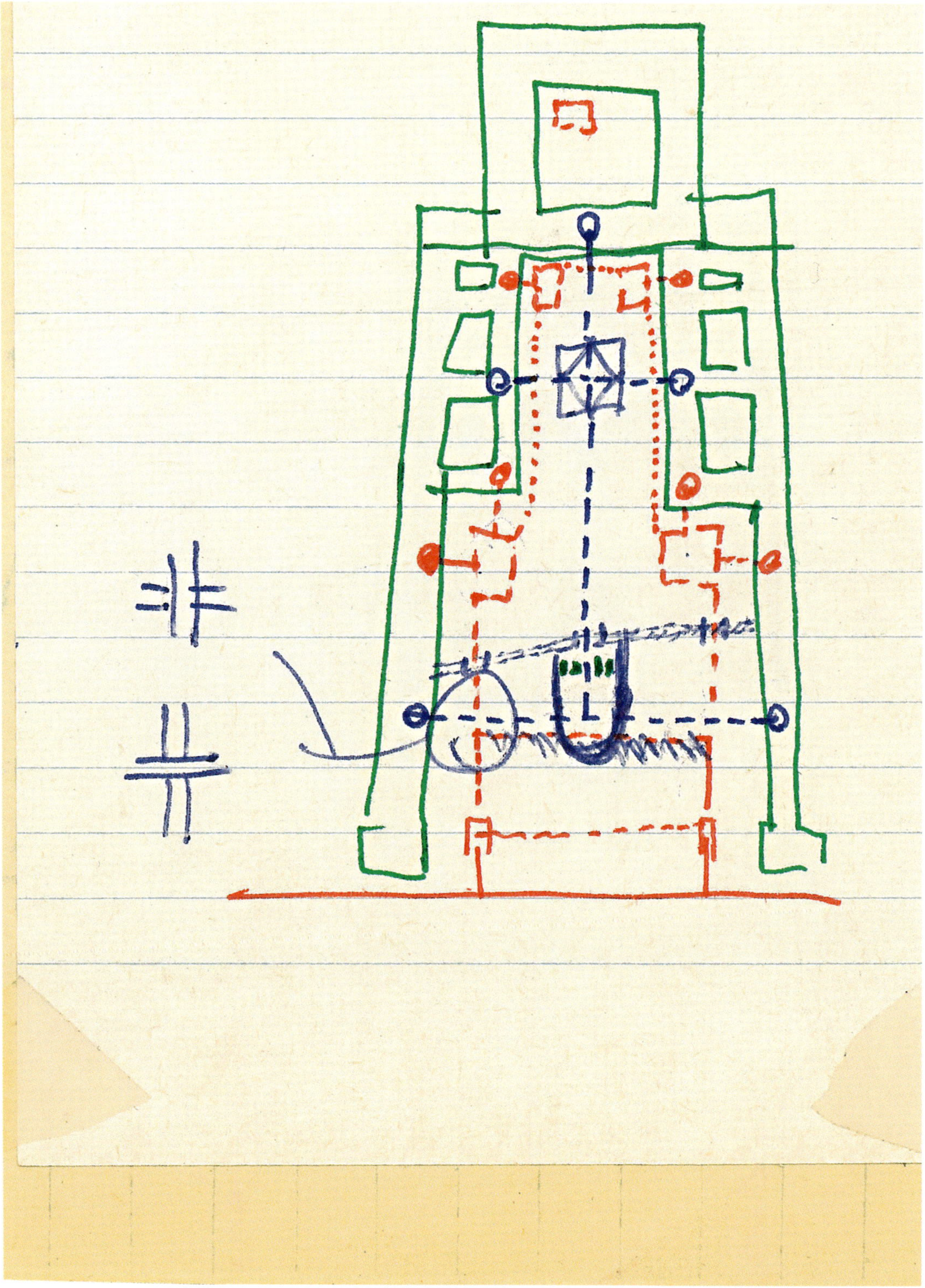

Dans cette étude sur les connexions fonctionnelles et l'accès des visiteurs en souterrain, la pyramide est visible au centre de la cour Napoléon, l'aile Richelieu est sur la gauche. Encre de couleur sur papier, septembre 1983.

In this study of potential underground service connections and visitor access, the Pyramid is visible in the middle of the Cour Napoléon, with the Richelieu Wing to the left. Coloured ink on paper, September 1983.

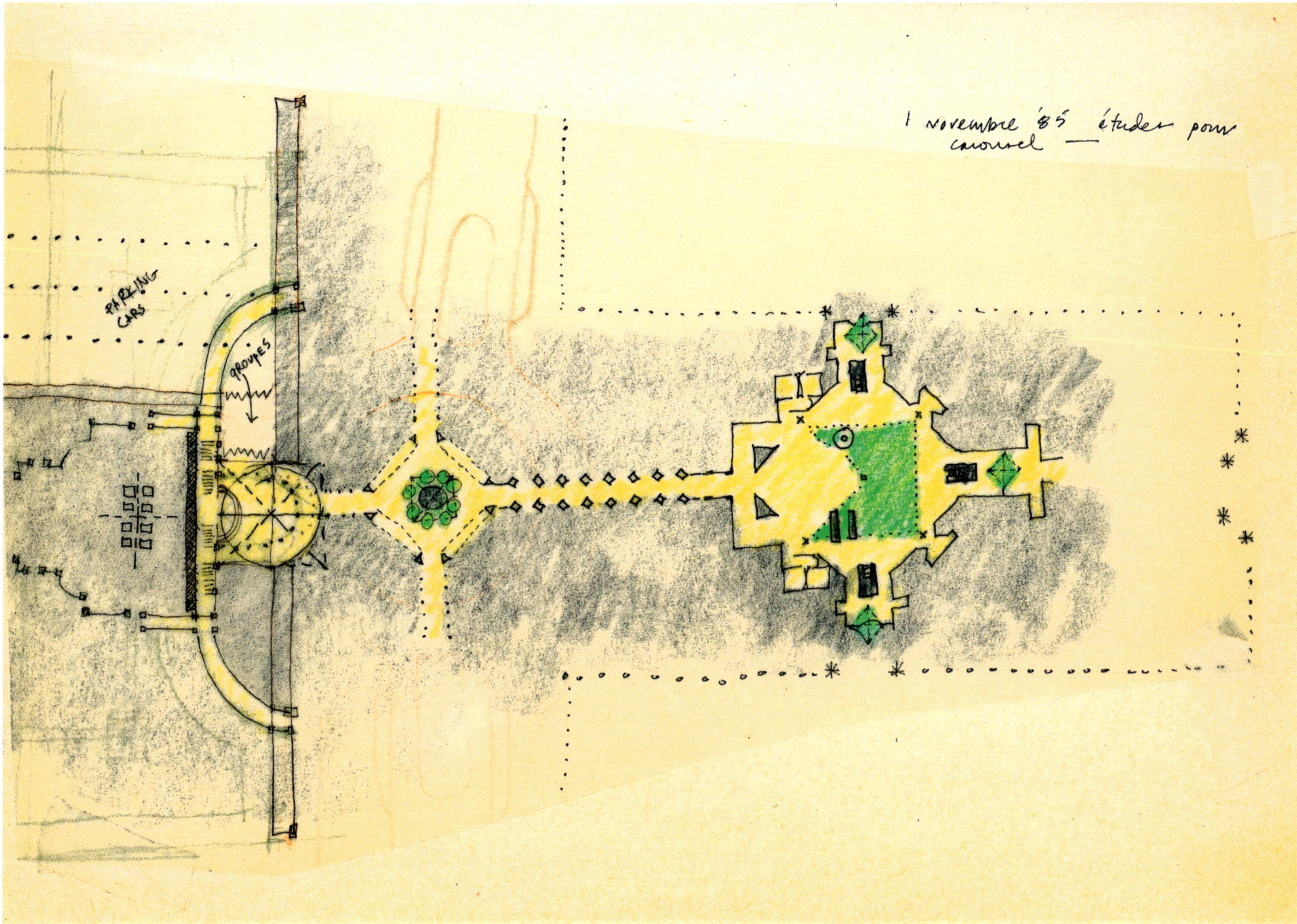

Études de plan pour l'entrée du Louvre à partir du Carrousel. Encre sur vélin, novembre 1985.

Plan studies for the entry to the Louvre from the Carousel. Ink on vellum, November 1985.

Légèrement dilatée ou aplatie par un effet d'objectif, la pyramide se reflète dans ses bassins.

Appearing to be slightly dilated or flattened through an effect of the photographer's lens, the Pyramid is reflected in its basins.

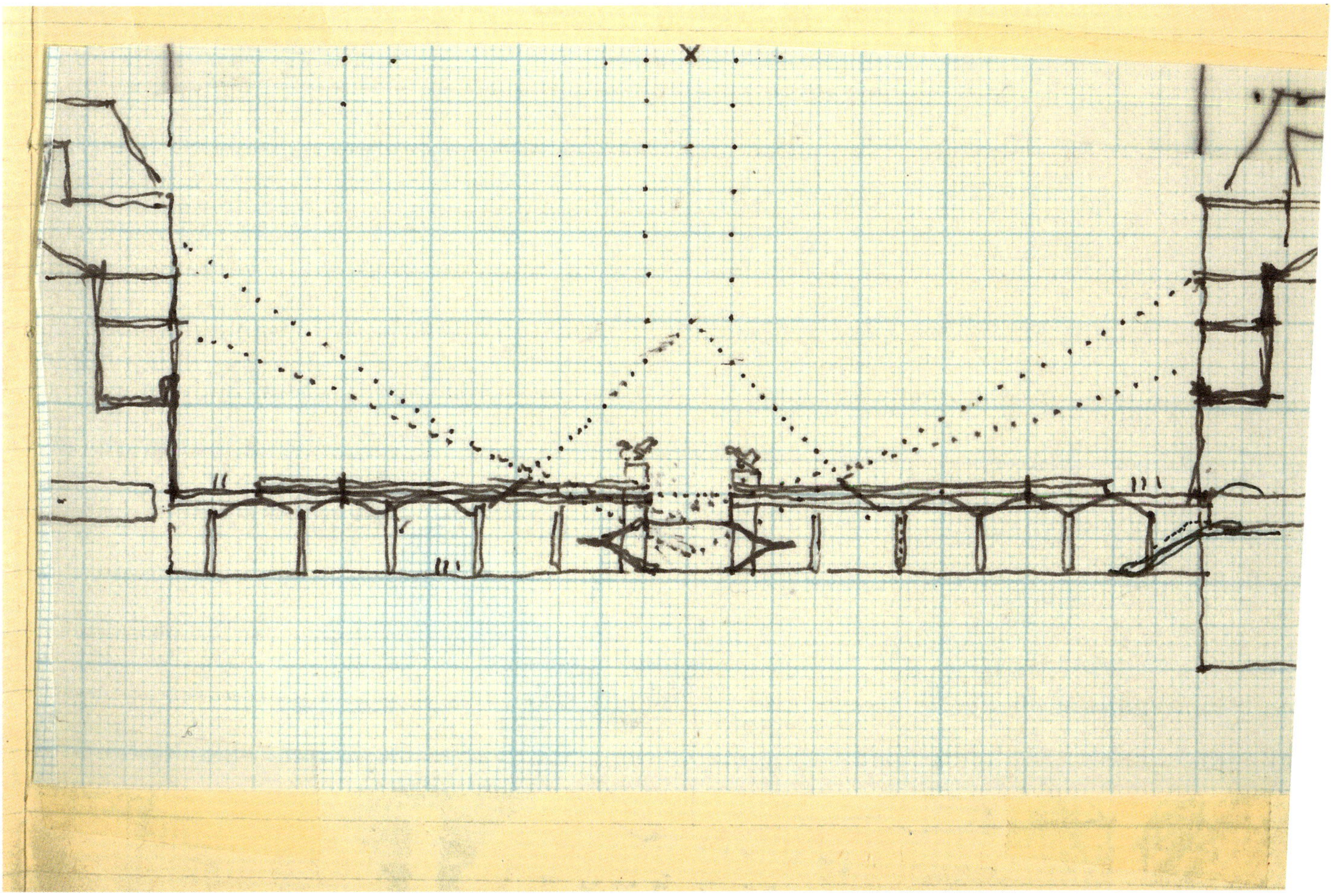

Dans ce croquis d'étude des perspectives à partir des espaces souterrains, Yann Weymouth a représenté les *Chevaux de Marly* à un moment où les architectes pensaient placer les originaux sous la pyramide. Encre sur papier millimétré, septembre 1983.

In this sketch studying possible sight lines from the future underground spaces, Yann Weymouth has represented the Chevaux de Marly, *at a time when the architects were considering placing original sculptures beneath the Pyramid. Ink on graph paper, September 1983.*

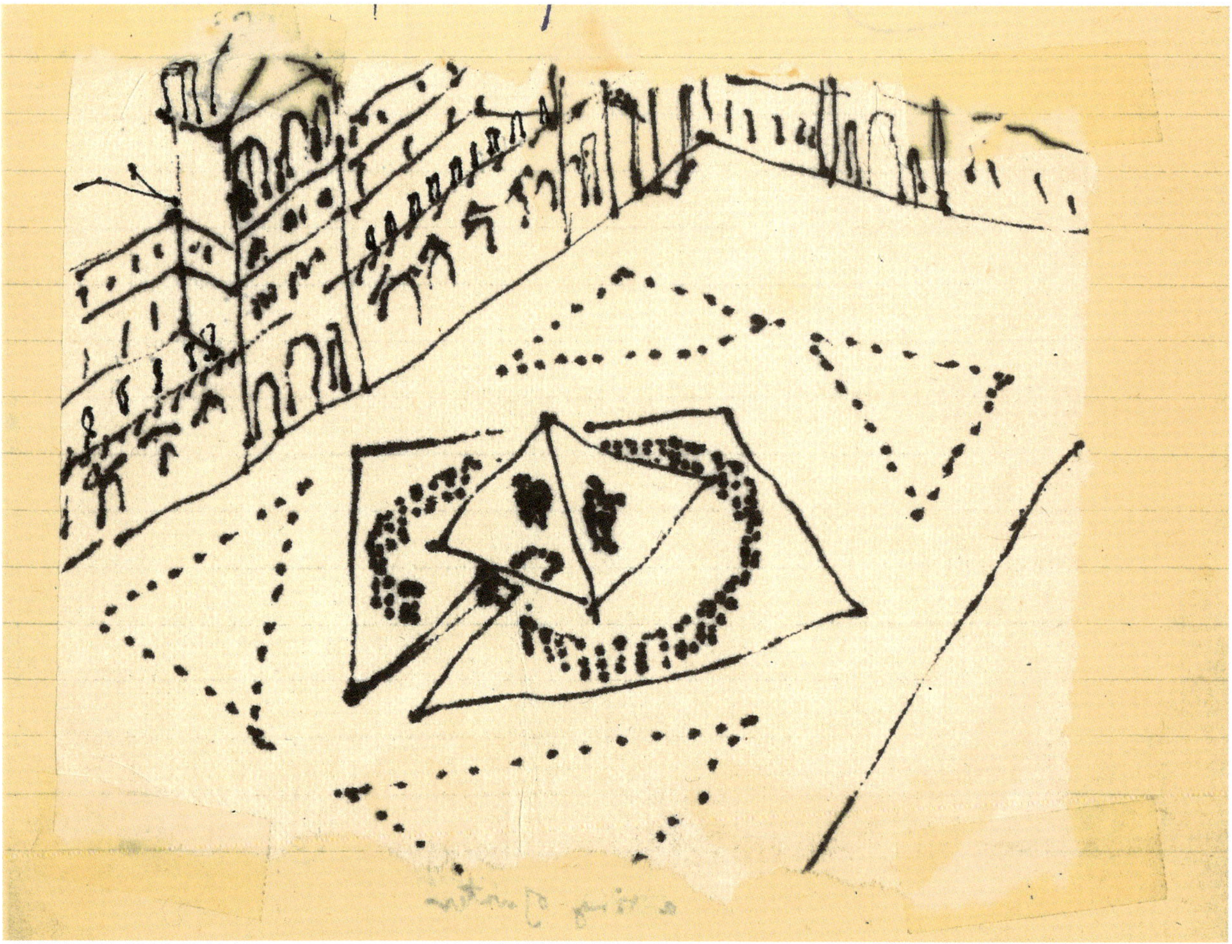

Cette recherche sur l'entrée de la pyramide à travers des fontaines, explore l'idée d'une rampe descendant vers le sous-sol. Encre sur serviette en papier, octobre 1983.

This study for the Pyramid entry through fountains explores the idea of a descending ramp, for entry below grade. Ink on napkin, October 1983.

Le pavement de la cour Napoléon a été particulièrement étudié. Il décrit un cadre géométrique précis d'où émerge la forme de la pyramide.

The paving of the Napoleon Courtyard was carefully considered to set the geometric framework out of which the shape of the Pyramid itself emerges.

Proportions

L'étude approfondie du site de la future pyramide et de son environnement immédiat a conduit I. M. Pei à déterminer pour la partie visible de la structure des proportions qui, par coïncidence, sont très proches de celles de la grande pyramide de Gizeh. Celle de Paris est évidement plus petite que son ancêtre égyptienne et sa matérialité d'une grande transparente signifie qu'elle remplit davantage une fonction d'accès au musée que de monument. C'est dans cette étude des proportions que réside en partie la réussite du projet : la pyramide devait être présente, sans venir en concurrence avec le palais, et refléter le ciel de Paris. Les croquis de Yann Weymouth reproduits ici ont été exécutés entre 1983 et 1984. Ils montrent le soin porté d'abord au volume même de la pyramide, puis à ses éléments constitutifs. Notamment aux panneaux de verre dont la découpe triangulaire vient en écho à la forme principale, et rappellent aussi l'échelle humaine qui est la force essentielle du projet. Les croquis montrent le lien entre le pavement de la cour et ces panneaux conçus en harmonie, qui est un des traits caractéristiques de l'œuvre de I. M. Pei.

Très célèbre vision de la pyramide devant le pavillon Denon, prise du passage Richelieu.

Proportions

A careful examination of the site of the future Pyramid and its immediate environment led I. M. Pei to select proportions for the visible part of the structure that are coincidentally very close to those of the Great Pyramid in Giza. Naturally, the Louvre Pyramid is smaller than its Egyptian forebear, and its largely transparent substance means that it acts more as a signal of the entrance to the museum than as a monument in itself. It is in this study of proportions that a part of the secret of the ultimate success of the project lies – it had to be present without in any sense competing with the palace itself, and it also had to reflect the Paris sky. Yann Weymouth's sketches reproduced in this chapter, executed between 1983 and 1984, show the careful attention given first to the volume of the Pyramid itself and then to its constituent parts, the glass panels that echo its triangular form and also recall the human scale that is an essential force of the design. Weymouth's sketches also reveal the connection between the courtyard paving and these glass panels, all conceived in an essential harmony which is a real hallmark of the work of I. M. Pei.

An iconic image of the Pyramid taken from the Passage Richelieu with the Denon Pavilion visible in the background.

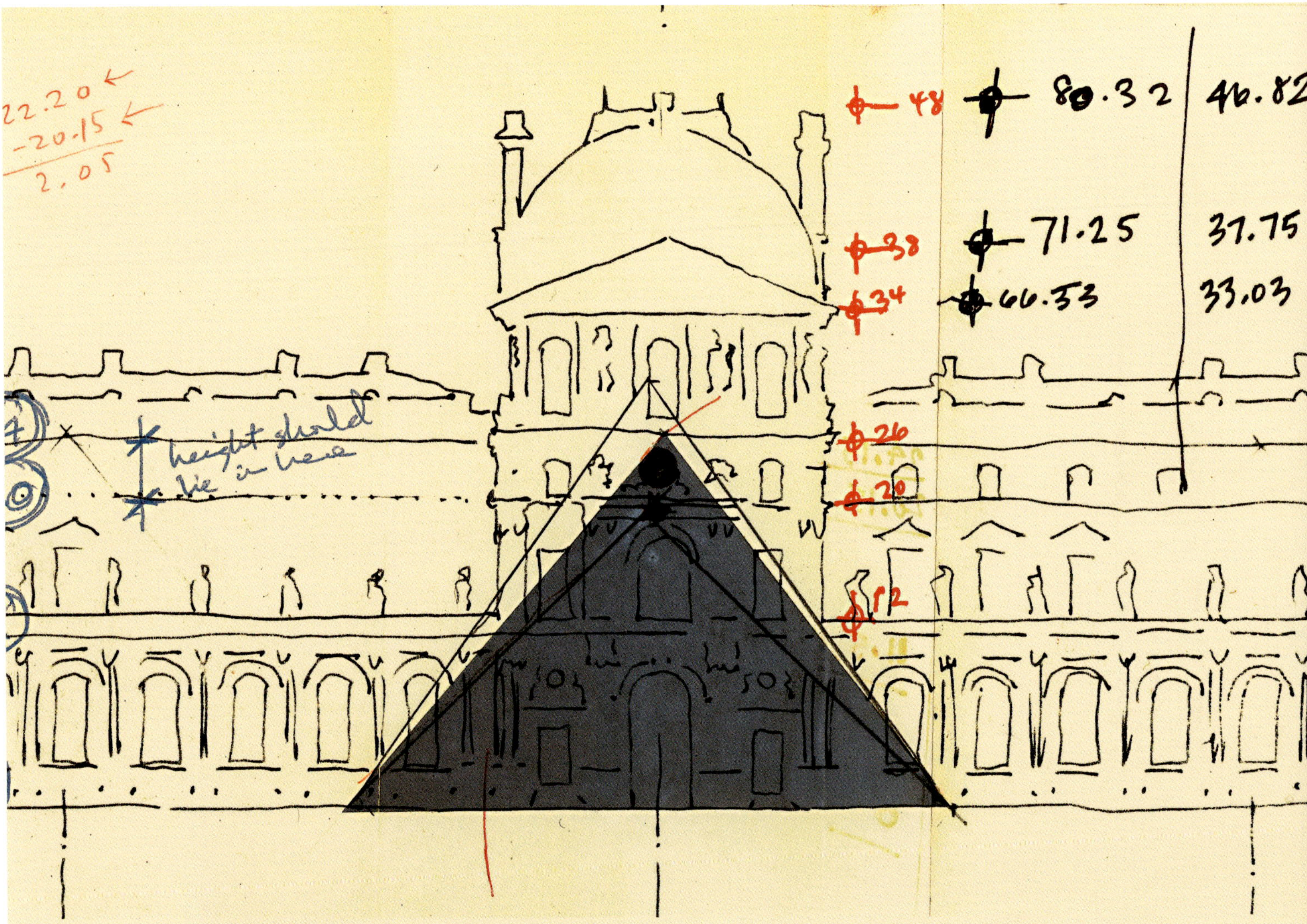

Étude des proportions de la pyramide par rapport aux pavillons historiques du Louvre. Photocopie d'un dessin original à l'encre sur papier-calque, annotations ultérieures au stylo à bille, novembre 1983.

A study of proportions for the Pyramid vis-à-vis the historic pavilions of the Louvre. Photocopy of original ink on trace paper, with further ballpoint pen annotations, November 1983.

26
20
12
first sketch
attempt for scale

Cette photographie met l'accent sur la densité de la structure de la pyramide, aspect du projet qui n'est généralement pas perceptible.

This photograph emphasizes the density of the structure of the Pyramid, an aspect of its design that is usually much less visible.

Étude de coupe pour les proportions de la pyramide envisageant le placement des *Chevaux de Marly* au sommet de l'escalier et de l'arrivée de l'escalier mécanique. Encre sur papier millimétré, octobre 1983.

A section study for the proportions of the Pyramid again envisages the placement of the Chevaux de Marly *sculptures on top of the stair and escalator landing. Ink on graph paper, October 1983.*

La proximité de la Seine signifiait, par ailleurs, que nous ne pouvions pas creuser trop profondément sans rencontrer certains problèmes techniques et multiplier les coûts. Les plans de ces espaces souterrains étaient d'une importance cruciale, ce qui voulait dire aussi que la seule forme visible signalant l'entrée devait être étudiée avec le plus grand soin. Nous avons essayé diverses formules, y compris un cube ou une forme hémisphérique, mais si vous considérez la silhouette du Louvre, vous n'y trouvez aucune courbe, ce qui nous a fait exclure cette solution.

I. M. PEI

The proximity of the River Seine meant that we could not dig too deep without very high costs and technical problems. The planning of the underground spaces was thus of crucial importance, but this meant that the only visible form signalling the entrance had to be carefully considered.
We experimented with various forms; we even tried a cube or a curved, hemispheric shape. But, if you look at the silhouette of the Louvre, there is no curve, so we had to exclude curves.

I. M. PEI

Dessin au stylo-feutre rouge par I. M. Pei, montrant la pyramide, les pyramidions et les bassins. Les autres dessins à l'encre et le commentaire sont de Yann Weymouth, octobre 1983.

A red felt-tip pen drawing by I. M. Pei shows the Pyramid and its smaller surrounding pyramids and basins. The other ink drawings and commentary are by Yann Weymouth. October 1983.

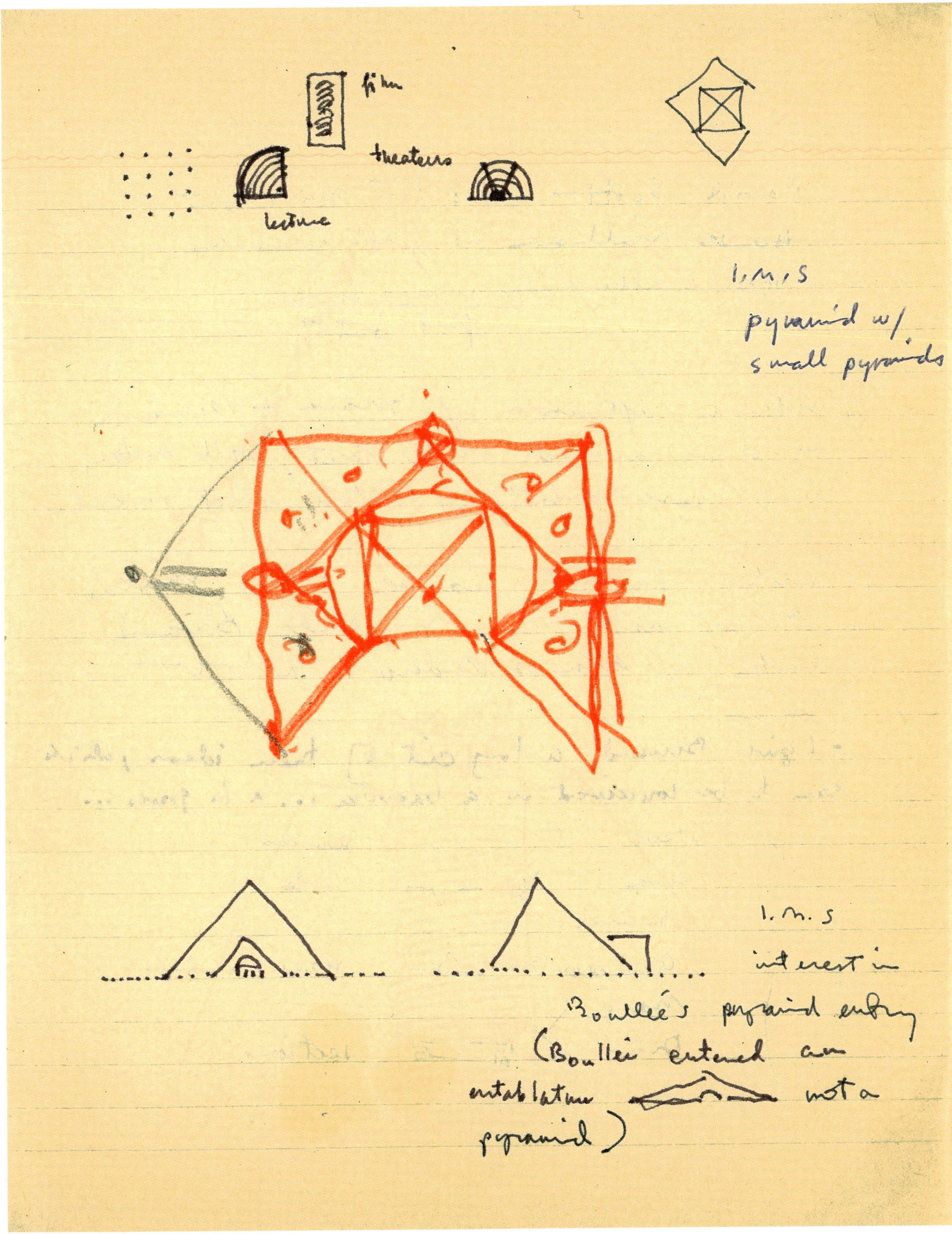
film
theaters
lecture
I.M.S
pyramid w/
small pyramids
I.M.S
interest in
Boullée's pyramid entry
(Boullée entered an
entablature
not a
pyramid)

Ce dessin montre le calepinage du pavement de la cour devant la pyramide, et indique l'implantation de la sculpture équestre du Bernin dans l'axe des Champs-Élysées. Crayon de couleur sur papier-calque, avril 1984.

This drawing shows the paving pattern of the courtyard vis-à-vis the Pyramid and signals the location of the future Bernini equestrian sculpture marking the real axis of the Champs Élysées. Coloured pencil on trace paper, April 1984.

Dessins sur les possibilités d'entrée de la pyramide et de la fontaine. Encre et crayon de couleur sur papier-calque, novembre 1983.

Drawings of possible Pyramid entries and fountain design. Ink and coloured pencil on trace paper, November 1983.

Des ouvriers mettent en place les panneaux de verre sur la structure achevée.

Workers putting the glass panels in place on the completed structure of the Pyramid.

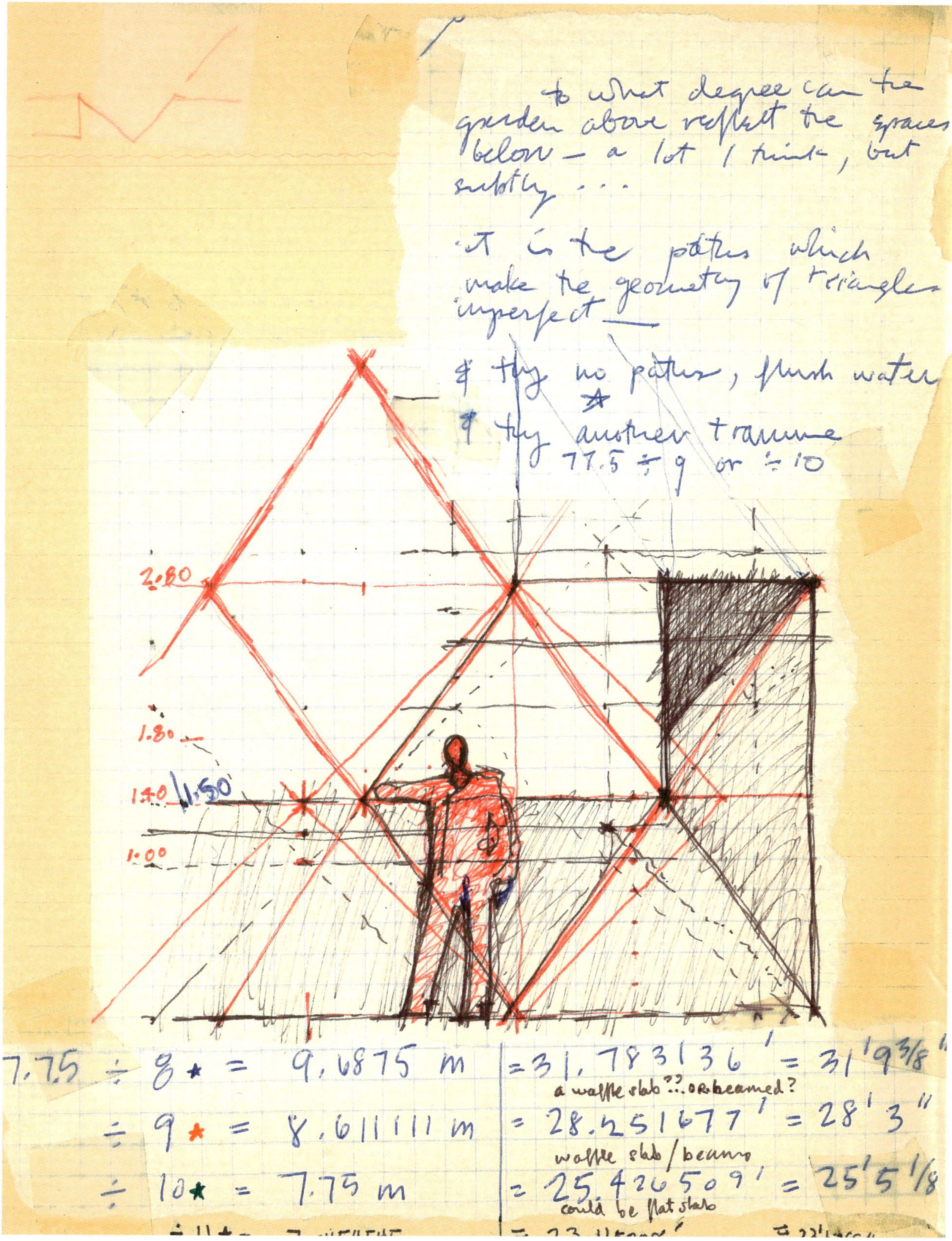

Étude des proportions des panneaux de verre de la pyramide et de leur rapport au module de la structure souterraine et du pavement. Encre sur papier, novembre 1983.

Study for proportions of Pyramid glass panels and their relation to the module of the underground structural span and paving. Ink on paper, November 1983.

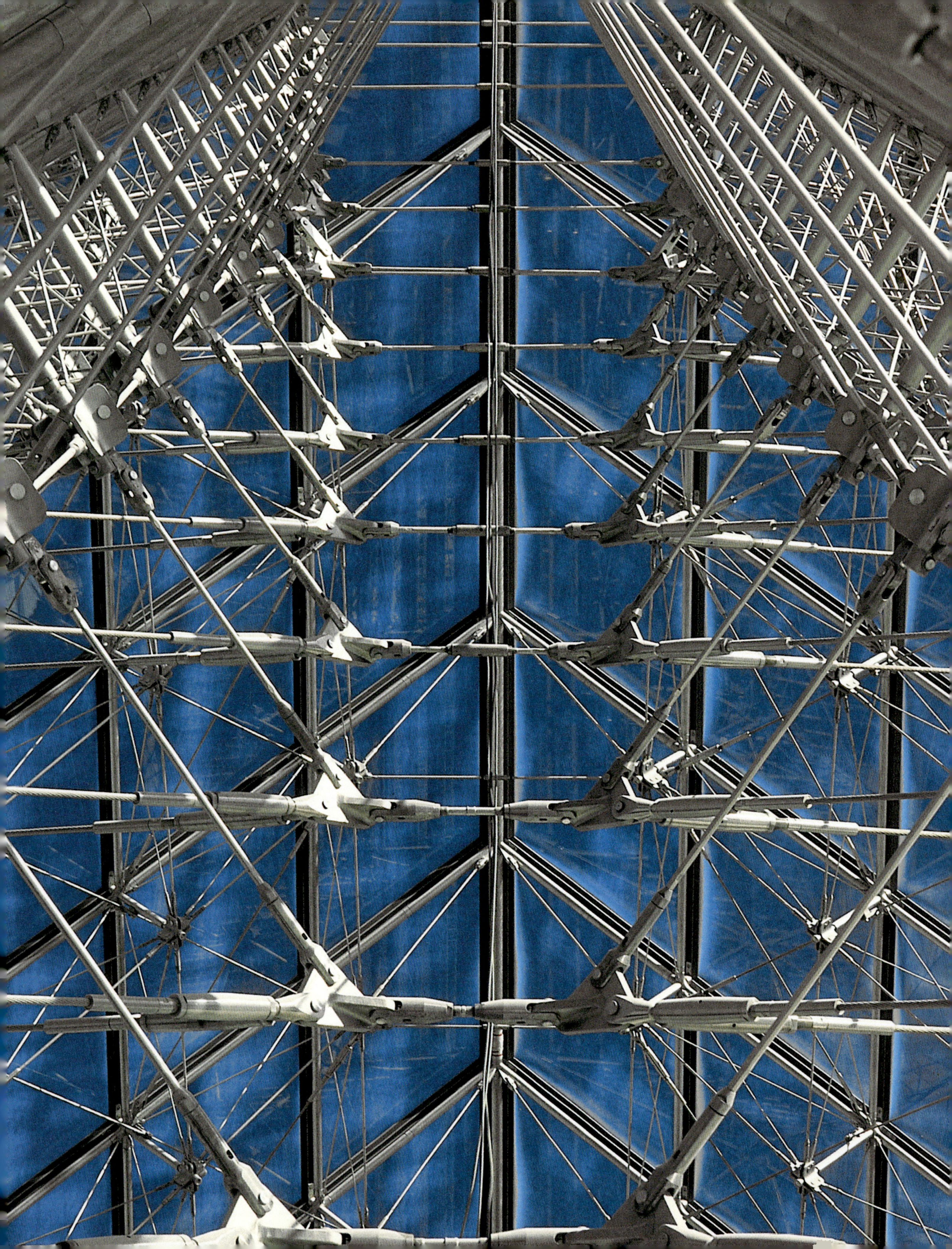

Intérieurs

Les dessins de Yann Weymouth datant de la période 1984–87 montrent l'attention soignée portée au plan des espaces souterrains. Ainsi que le fait remarquer I. M. Pei, la pyramide n'aurait pratiquement aucun sens placée hors de son contexte et, plus particulièrement, en dehors de la décision d'en faire le point d'entrée central du palais, jadis éclaté. Fidèle au souhait du président Mitterrand de consacrer la totalité du Louvre au musée, les architectes ont imaginé que la pyramide serait l'accès non seulement à l'entrée d'origine de l'aile Denon, mais aussi à l'aile Sully et, dans un second temps, à l'aile Richelieu occupée jusqu'à une date tardive par le ministère de l'Économie et des Finances. Ils ont continué à réfléchir à la possibilité de placement d'une œuvre d'art en bordure de la plate-forme du rez-de-chaussée, sous la pyramide elle-même, comme le montrent ces dessins autour d'une sculpture de Brancusi. Finalement, les conservateurs, sous la direction de Michel Laclotte, ont décidé qu'aucune œuvre d'art ne serait visible de l'extérieur du musée et plus précisément sous la pyramide.

Vue sous certains angles, la structure de la pyramide prend des aspects cristallins qui rappellent une des premières descriptions qui rapprochait sa forme du diamant.

Interiors

Drawings by Yann Weymouth dating from the period 1984–87 show the careful attention that was paid to the mapping out of the underground spaces of the Pyramid. As I. M. Pei points out, the Pyramid itself would be almost meaningless divorced from its context and especially from the concept of creating a central entry point for a formerly divided palace. Following through on Mitterrand's desire to give over the entire Louvre to the museum, the architects imagined the Pyramid as offering access to the original Denon Wing entrance, but also the areas of the Sully Wing and ultimately, in the second phase, the Richelieu Wing, occupied until a late date in the process by the Ministry of Finance. The architects continued to put forth ideas about a work of art that might stand on the tip of the ground-level platform beneath the Pyramid – in this group of drawings a cast of a Brancusi sculpture was the object of their attention. Ultimately, the curators, headed by Michel Laclotte, decided that there should be no work of art visible from the exterior of the museum, or more precisely here, beneath the Pyramid.

The ribbed structure of the Pyramid seen under certain angles assumes a crystalline form that echoes an early description of the form as being that of a "diamond."

Les espaces consacrés à l'histoire du palais du Louvre sont situés dans les volumes souterrains qui partent de la pyramide vers l'aile Sully, allant jusqu'aux vestiges des murs d'origine du palais, sous la cour Carrée.

Spaces devoted to the history of the Louvre itself are located in the underground areas that extend from the Pyramid toward the Sully Wing of the Louvre, leading to the remains of the original walls of the palace below the Cour Carrée.

Étude pour les volumes sous la pyramide, dans le hall Napoléon.

Crayon de couleur sur papier-calque, août 1984.

Study for the spaces beneath the Pyramid, in the Napoleon Hall.

Coloured pencil on trace paper, August 1984.

Vue de l'auditorium du Louvre,
sous la pyramide, mais non visible
sur le croquis de droite.

*A view of the Louvre auditorium,
beneath the Pyramid, but not visible
on the sketch to the right.*

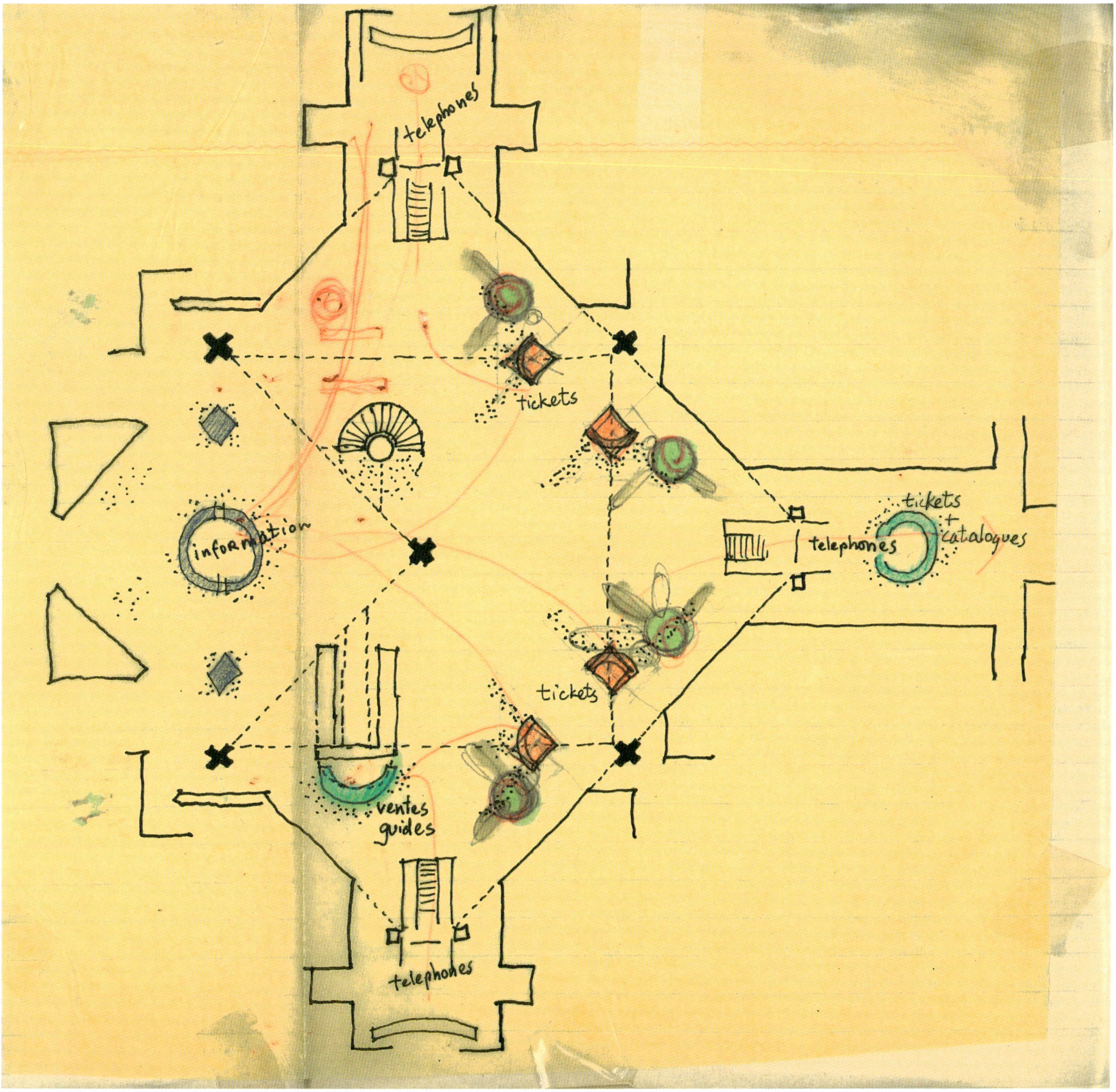

Plan des fonctions du hall Napoléon.
Encre et crayon de couleur
sur papier-calque, mars 1985.

Plan for the Napoleon Hall functions.
Ink and coloured pencil on trace paper,
March 1985.

Les comptoirs destinés à l'information
et les espaces publics sous la pyramide.

*Information desks and public areas
beneath the Louvre Pyramid.*

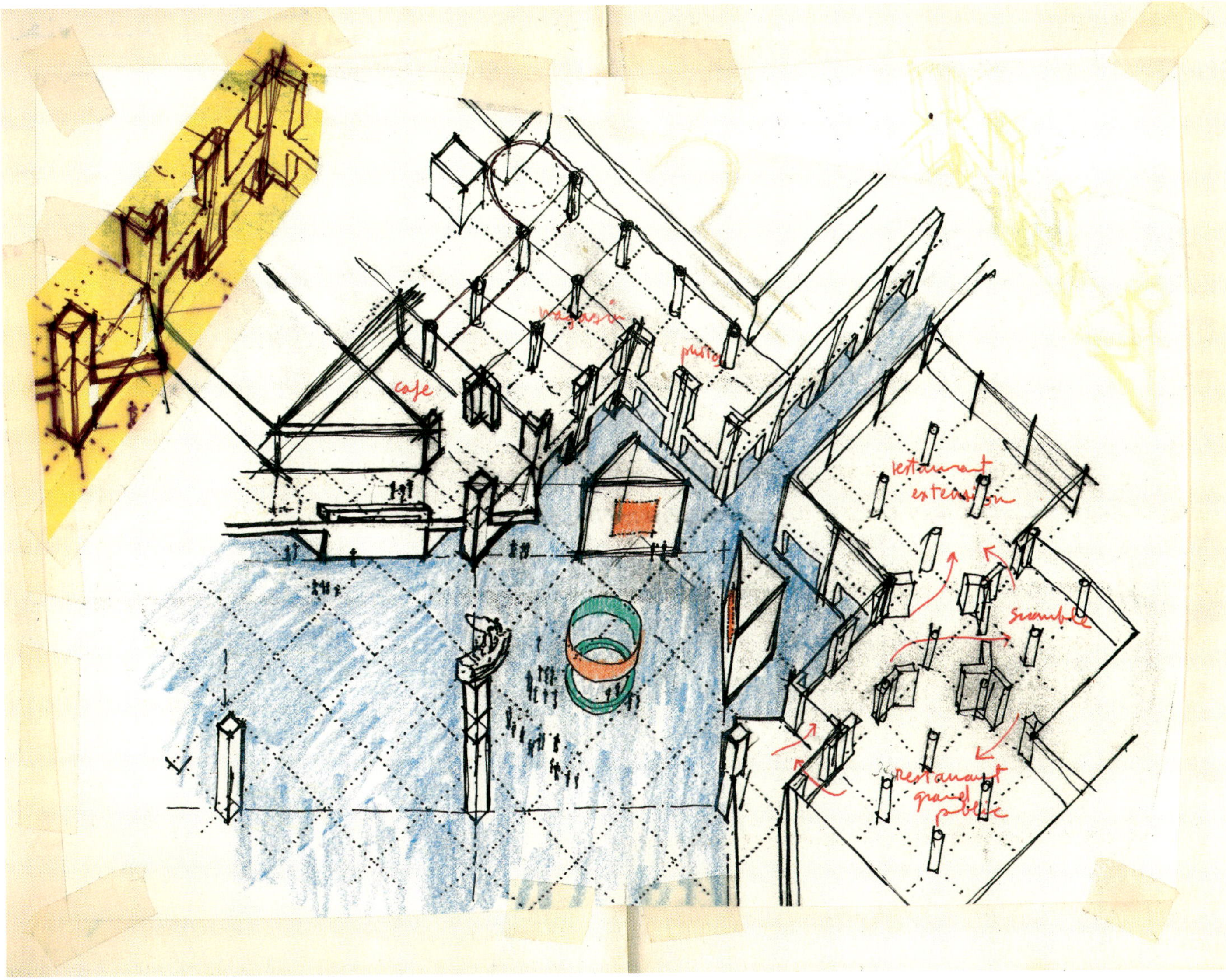

Croquis pour les façades du hall Napoléon, montrant l'hypothèse du positionnement de la *Victoire de Samothrace* sur la colonne soutenant la plate-forme de l'entrée. Encre sur papier-calque, annoté au crayon de couleur, novembre 1984.

Sketch for the Napoleon Hall facades, showing the possible placement of the Victory of Samothrace *on the column supporting the entry platform. Ink on trace paper, annotated in colour-pencil, November 1984.*

Le programme des nouveaux espaces prévus par le musée portait sur plus de 92 000 mètres carrés. On ne pouvait imaginer ajouter un nouveau bâtiment de cette taille dans l'enceinte du Louvre, et il était donc évident dès le départ qu'il allait falloir creuser sous la cour… la programmation des espaces souterrains revêtait donc une importance cruciale.

I. M. PEI

The programme called for 92,000 square metres or more of floor space. It was not possible to imagine creating that much area above ground near the Louvre, thus we needed to put it beneath the courtyard… The planning of the underground spaces was thus of crucial importance.

I. M. PEI

Dans ce croquis, Yann Weymouth a étudié la possibilité d'utiliser un moulage du *Grand Coq* de Brancusi pour le centre de la plate-forme d'entrée de la pyramide. Crayon sur papier, avec photocopie d'un article d'un livre sur Brancusi, janvier 1987.

In this sketch, Yann Weymouth examined the potential for using a cast of Brancusi's Grand Coq *for the centre of the entry platform of the Pyramid. Pencil on paper, with photocopy of book entry on Brancusi, January 1987.*

1949-1954

218 Le Grand Coq

Plâtre. h. 480 ; l. 57 ; p. 100
Socle : h. 45 ; Ø 57
Moules en plâtre
MNAM atelier Brancusi, inv. S 116

Le socle et les moules négatifs en plâtre avec armature en fer ont été réalisés par Brancusi et Istrati en 1953-1954. Ils sont constitués de quatre parties : la première correspond au pied de la sculpture ; la deuxième et la troisième, aux côtés ; la quatrième, plus épaisse et plus lourde, en forme de coquille incurvée, devait maintenir les trois autres. Dernière œuvre monumentale de Brancusi, le *Grand Coq*, annonciateur du jour naissant, constitue le couronnement de la conception plastique qu'il a élaborée au cours de sa vie.

[Plâtre. Collection I-D]

Bibl. : Geist, 1975 (cat. n° 232)

[Acier inoxydable. h. 477 ; l. 56 ; p. 98
Tige. h. 130
Fourreau. h. 66
Socle granit : h. 45 ; Ø 57
Fondation Pierre Gianadda, Martigny

Le coq est relié au socle par une tige en acier qui s'emboîte dans un fourreau, ce qui permet de le faire tourner.

Fondu à la Lincoln Foundery, Los Angeles (formule utilisée dans la composition du métal : 316 stainless steel, 8% nickel, 8% chrome ; température de l'acier : 2850° au coulage). Poli à la fonderie Susse à Paris, 1974-1977.

Provenance : collection particulière, Suisse

Expositions : Bâle, 1980 ; Venise, 1982

Bibl. : N. Dumitresco et A. Istrati. « Brancusis Grosse Hahn », *Artis*, juin 1980]

Détails

Au final, la qualité architecturale de la pyramide et du projet du Grand Louvre tient beaucoup à celle de l'exécution menée avec le plus grand soin aussi bien pour les volumes intérieurs que les aménagements extérieurs. Yann Weymouth a été étroitement impliqué dans la conception et la réalisation de l'exécution détaillée, comme l'illustrent les croquis tirés de ses carnets de notes (1985–1986). La construction de la pyramide elle-même et de son élégante structure, en partie dessinée avec l'assistance d'une entreprise spécialisée dans le gréement des bateaux, est un des aspects de l'intervention de l'architecte, comme l'est également le traitement de la pierre et du métal dans la totalité du projet. La qualité du béton architectural utilisé, ainsi que celle du parement en pierre de Magny dorée, d'un blond chaud, participent également à l'unité esthétique et fonctionnelle déclinée à partir d'une forme de base relativement simple, articulée et développée tout au long d'un programme très complexe. Le fait que tout semble assemblé sans la moindre rupture confirme la qualité du travail des architectes vingt ans après l'inauguration.

Les panneaux de verre mis en place par des ouvriers sur la structure métallique.

Details

Ultimately, the quality of the architecture of the Pyramid and the Grand Louvre has a great deal to do with the carefully designed details of both interior and exterior volumes – leading to greater continuity than that seen when different designers are responsible for inside and outside detailing, for example. Yann Weymouth was closely involved in the design and execution of these details, as sketches from his notebooks from 1985 and 1986 demonstrate. The detailing of the Pyramid itself and its elegant structure, in part created with the help of a firm specialized in ship rigging, are one aspect of the architect's work, but so too are stone and metal details throughout the project. The quality of the architectural concrete used, as well as the warm blond magny doré *interior cladding stone, also participates in the clearly established aesthetic and functional unity derived from a relatively simple basic form, articulated and developed into a very complex programme. The fact that all of this seems to fit almost seamlessly together confirms the quality of the work of the architects twenty years after the inauguration of the Pyramid and its underground spaces.*

Glass being put in place by workers on the metallic structure of the Pyramid.

Recherches sur l'auditorium du Louvre.
Encre et crayon de couleur sur vélin,
octobre 1985.

Studies for the Louvre auditorium.
Ink and coloured pencil on vellum,
October 1985.

Devant les échafaudages de la pyramide, le travail progresse sur les éléments de plafond des espaces souterrains. À travers la répétition de formes basiques et un contrôle de qualité rigoureux, les architectes ont imposé au projet une extraordinaire unité.

With the scaffolding of the Pyramid visible in the background, work advances on the apparently elaborate ceiling elements for the underground spaces. Through repetition of basic forms and careful control of quality, the architects imposed real unity on the project.

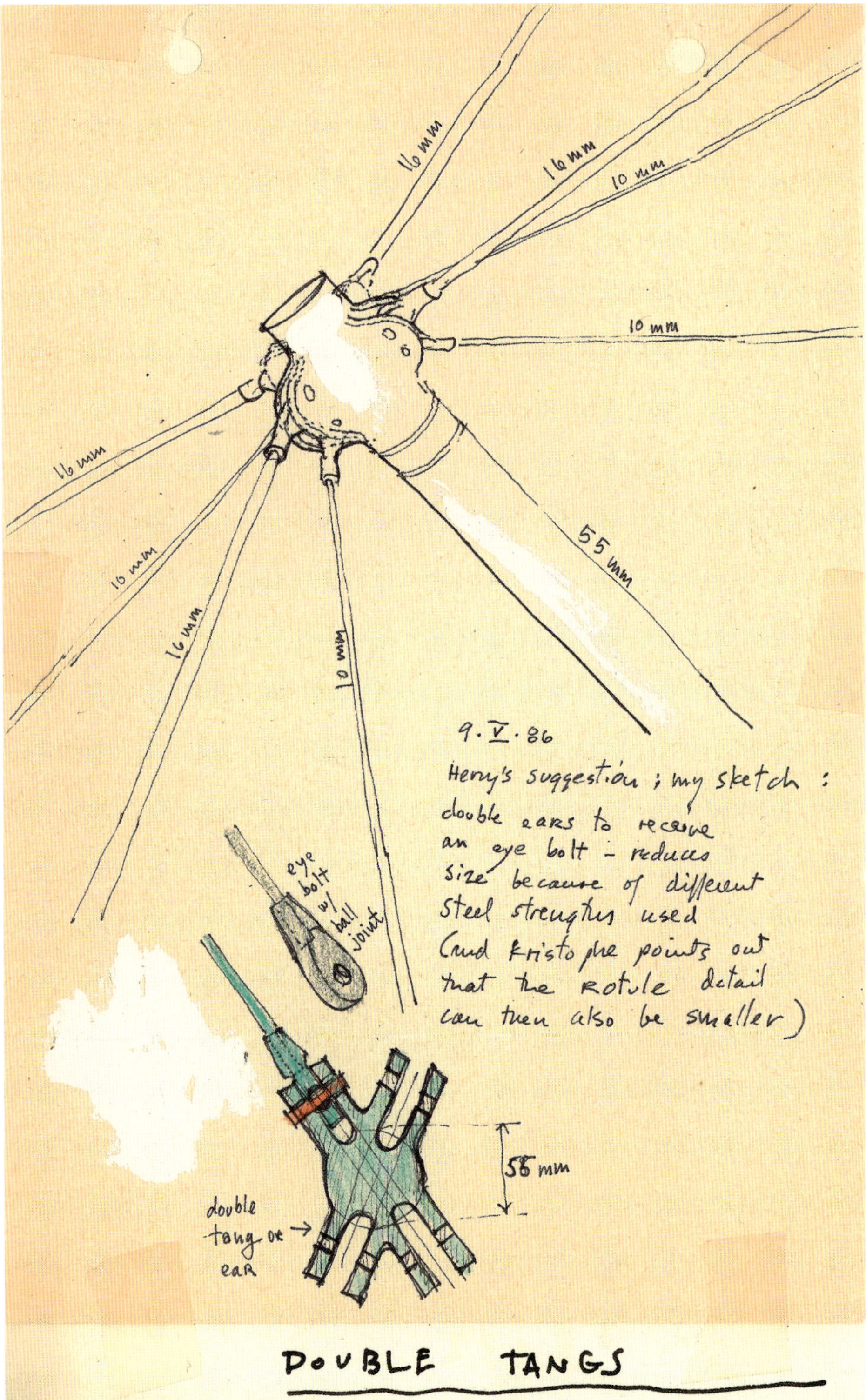

Études pour les fixations du système de tension. Encre sur papier, avril 1985.

Studies for tension fastenings. Ink on paper, April 1985.

Ouvriers perchés sur la structure de la pyramide au cours de la mise en place des panneaux de verre.

Workers perched in the structure of the Pyramid as the glass panels were being put in place.

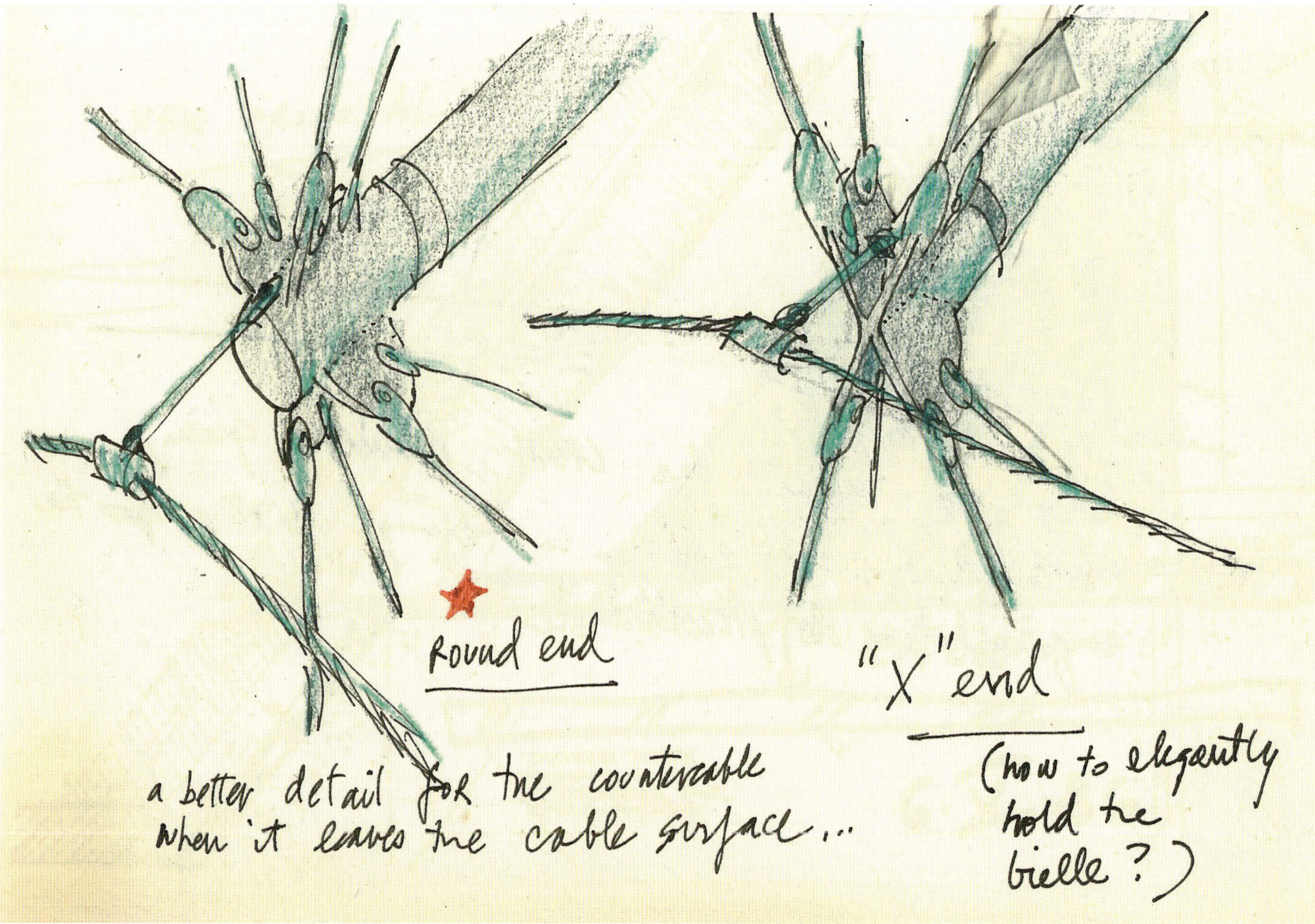

Études pour les fixations du système de tension de la structure de la pyramide. Encre sur papier, avril 1985.

Studies for tension fastenings for the structure of the Pyramid. Ink on paper, April 1985.

Les croquis de Weymouth reflètent différentes étapes du dessin définitif des nœuds et des câbles qui supportent la charge des panneaux de verre et de la pyramide elle-même.

Weymouth's sketches reflect different stages in the ultimate design of the nodes and cables that carry the load supporting the glass panels and the Pyramid itself.

Cette photographie d'un nœud de la structure permet de percevoir sa masse et sa présence physiques qui se dissolvent presque dans le contexte de la cour du Louvre et du ciel parisien.

A photograph of a node of the Pyramid structure gives it a physical mass and presence that almost dissolves in the context of the courtyard of the Louvre under the sky of Paris.

Croquis et annotations pour les nœuds et raccords de tension de la structure de la pyramide. Encre et crayon, avril 1986.

A sketch and annotations for the nodes and tension fittings of the Pyramid structure. Ink and pencil, April 1986.

Photos de Yann Weymouth de l'escalier en spirale sous la pyramide en construction, janvier 1987.

Photos by Yann Weymouth of the spiral stair beneath the Pyramid in construction. January 1987.

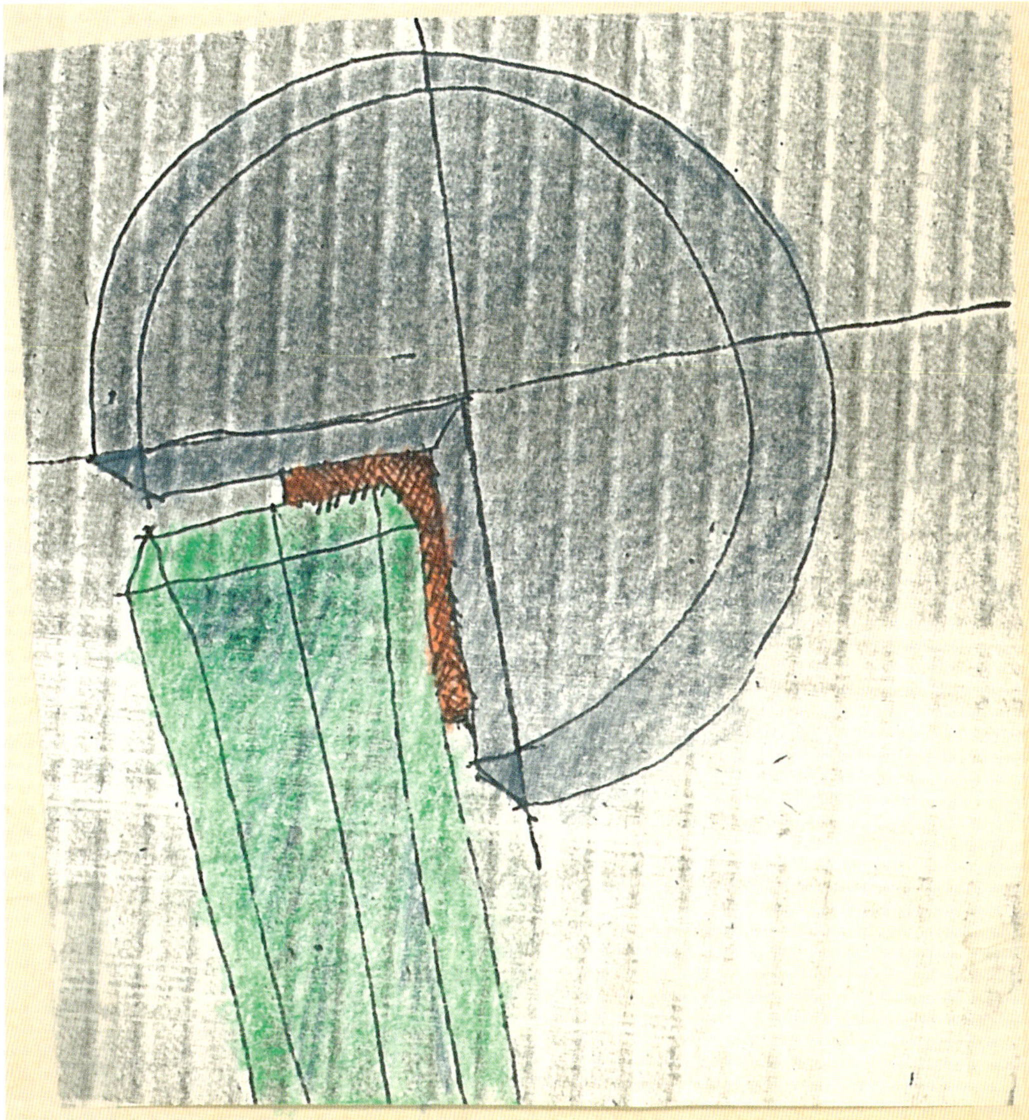

Dessin de la rampe en acier inoxydable des barrières de verre du hall Napoléon. Encre et crayon de couleur sur photocopie, novembre 1985.

Drawing for the stainless-steel handrail used on glass barriers for the Napoleon Hall. Ink and colour pencil on photocopy, November 1985.

Le Président Mitterrand me dit qu'il appréciait mon travail pour l'habilité dont j'avais fait preuve dans le lien entre la partie ancienne et la partie nouvelle de l'East Building, Washington. Je n'étais en fait pas d'accord avec lui, car quarante ans seulement séparent la partie ancienne de la National Gallery de mon nouveau bâtiment, alors que l'histoire du Louvre s'étend sur huit siècles.

I. M. PEI

President Mitterrand told me that he liked my work because of the ability I had shown to unite the old and the new in the East Building of the National Gallery of Art in Washington. I actually disagreed with him because only forty years separates the older part of the National Gallery and the East Building, whereas the history of the Louvre is eight centuries long.

I. M. PEI

Dans cette vue de nuit présentant la pyramide en premier plan, l'Arc de Triomphe du Carrousel est visible en fond, avec les Champs Élysées plus au loin.

In this night view, with the Pyramid in the foreground, the Arc of Triumph of the Carrousel is visible in the background, with the Champs Élysées behind it.

LEV

Équipe

I. M. Pei (architecte en chef); Leonard Jacobson (direction administrative); Yann Weymouth (architecte); Chien Chung Pei (architecte/administration); Michael D. Flynn (chef bureau d'études techniques des murs rideaux-pyramide); Yvonne Szeto (bureau d'études techniques des murs rideaux-pyramide); Norman Jackson, Arnaud Puvis de Chavannes (chargés de production); Beatrice Lehman (services juridiques + contrats); Ian Bader, Masakazu Bokura, Andrzej Gorczynski, Anna Mutin, Chris Rand et Stephen Rustow – Architecte associé: Michel Macary, Paris, France – Architectes en chef du Louvre: Georges Duval et Guy Nicot – Consultant pour la conception de la structure de la pyramide: Nicolet Chartrand Knoll, Ltd, Montréal, Canada – Structure de la pyramide, phase de construction: Rice Francis Ritchie, Paris, France – Œuvre: réplique d'une sculpture de Gianlorenzo Bernini représentant *Louis XIV*.

Project team

I. M. Pei (Design Principal), Leonard Jacobson (Administration Principal), Yann Weymouth (Design Architect), Chien Chung Pei (Design Architect/Administration), Michael D. Flynn (Curtain Wall Principal Pyramid), Yvonne Szeto (Curtain Wall Pyramid), Norman Jackson, Arnaud Puvis de Chavannes (Production), Beatrice Lehman (Contract Documents), Ian Bader, Masakazu Bokura, Andrzej Gorczynski, Anna Mutin, Chris Rand and Stephen Rustow; Associate Architect: Michel Macary, Paris, France; Architectes en Chef du Louvre: Georges Duval and Guy Nicot; Pyramid structure design consultant: Nicolet Chartrand Knoll, Ltd, Montreal, Canada; Pyramid structure, construction phase: Rice Francis Ritchie, Paris, France; art: lead casting of Gianlorenzo Bernini's Louis XIV.

Ce livre est dédié à Leonard Jacobson, Andrzej Gorczynski et Masakazu Bokura qui, chacun à la mesure de son talent, ont contribué à ce projet, mais n'ont pas pu vivre assez longtemps pour participer à son vingtième anniversaire.

This book is dedicated to Leonard Jacobson, Andrzej Gorczynski and Masakazu Bokura, who contributed, each in his own capacity, to the project, but did not live to see its twentieth anniversary.

Musée du Louvre

Henri Loyrette
Président-directeur
President Director

Didier Selles
Administrateur général
Chief Executive Director

Catherine Sueur
Administratrice générale adjointe
Deputy Executive Director

Hervé Barbaret
Administrateur générale adjointe
Deputy Executive Director

Juliette Armand
Directrice de la production culturelle
Director of Cultural Production

Violaine Bouvet-Lanselle
Chef du service des éditions
Direction de la production culturelle
Head of Publications
Direction of Cultural Production

Prestel Verlag
Königinstrasse 9
80539 Munich
Tel. +49 (0)89 24 29 08-300
Fax +49 (0)89 24 29 08-335

Prestel Publishing Ltd.
4 Bloomsbury Place
London WC1A 2QA
Tel. +44 (0)20 7323-5004
Fax +44 (0)20 7636-8004

Prestel Publishing
900 Broadway, Suite 603
New York, N.Y. 10003
Tel. +1 (212) 995-2720
Fax +1 (212) 995-2733

www.prestel.com

Traductions / *Translation*: Jacques Bosser, Paris
Coordination du projet / *Editorial direction*: Curt Holtz, Sandra Leitte, Munich
Relecture des textes anglais / *Copy-editing of the English texts*: Harriet Graham, Torino
Relecture des textes français / *Copy-editing of the French texts*: Michèle Gourgousse, Paris
Conception graphique / *Design*: SOFAROBOTNIK, Augsburg & Munich
Fabrication / *Production*: Cilly Klotz, Nele Krüger
Reprographie / *Pre-press production*: Reproline Mediateam, Munich
Mise en page / *Typesetting*: Setzerei Max Vornehm GmbH, Munich
Impression et reliure / *Printing and binding*: Těšínská Tiskárna, Český Těšín

Imprimé sur papier sans chlore
Printed on acid-free paper

ISBN 978-3-7913-4341-9 Prestel
ISBN 978-2-35031-237-8 Louvre